prépabac

Cours & entraînement

Anglais

LV1 - LV2

2de

Jeanne-France Rattier
Didier Hourquin

Professeurs au Lycée Paul-Émile-Victor (Osny)

Hatier

Conception graphique : Frédéric Jély
Mise en page : Nadine Aymard
Iconographie : Nicole Laguigné

ISBN : 978-2-218-96891-4

Mode d'emploi

S'inscrivant dans le droit fil des nouvelles instructions officielles relatives à l'enseignement de l'anglais au lycée, cet ouvrage vous propose un outil de travail complet et efficace.

Le contenu

- Vous y trouverez :

– une révision des points de grammaire à maîtriser au niveau lycée (**Les points de grammaire à maîtriser**) ;
– des conseils de méthode généraux (**Les savoir-faire indispensables**) ;
– des techniques pour progresser en compréhension et en expression (**Pour aller vers le bac**).

- Chaque chapitre comprend à la fois un **cours** structuré, des **exercices** progressifs et leurs **corrigés** détaillés. Régulièrement, vous trouvez également des **listes de mots** regroupant le lexique du chapitre tel qu'il apparaît dans les exemples ou les exercices.

- Enrichies de nombreux **commentaires** et **conseils**, toutes ces ressources vous permettent de vous entraîner efficacement et d'aborder en confiance vos contrôles durant l'année.

RÉVISION EXERCICES CORRIGÉS

Les ressources audio sur www.prepabac.com/media

Signalés par ce pictogramme , certains contenus de ce Prépabac sont associés à des **ressources audio** : celles-ci sont regroupées sur la page **www.prepabac.com/media**.

N'hésitez pas à vous y rendre !

sommaire

LES POINTS DE GRAMMAIRE À MAÎTRISER

LES SAVOIR-FAIRE INDISPENSABLES

POUR ALLER VERS LE BAC

ANNEXES

■ aspect
L'aspect est la façon dont le locuteur envisage l'action. Il peut être imperfectif (*be* + V-*ing*) ou perfectif (*have* + participe passé).

■ forme continue / progressive / en V-*ing*
Ces appellations désignent la forme *be* (conjuguée au présent, au prétérit, au *present perfect*, etc. ou *be* suivant un modal) + V-*ing*.

■ forme perfective / *have* + participe passé / *have* + V-*en*
Ces trois appellations désignent l'auxiliaire *have* (conjugué ou non) suivi du participe passé du verbe.

*I **have finished**. / He must **have made** up his mind.*

■ gérondif / nom verbal
Un gérondif est formé à partir d'un verbe auquel on ajoute la terminaison -*ing*. Il fonctionne comme un nom.

*I love **swimming** / pizzas.*

■ V / BV / infinitif sans *to*
Ces trois appellations (V = Verbe / BV = Base Verbale) désignent le verbe nu : *fall*.

■ V-*ing* / -*ing* / V + -*ing*
Ces trois appellations désignent le verbe auquel on a ajouté la terminaison en -*ing* : *falling*. Cette terminaison peut être employée dans différents cas :

***Swimming** is my favourite pastime.* (gérondif)
*I have been **running**.* (aspect imperfectif)
*He left, **saying** "I don't care."* (participe présent)

■ modaux / auxiliaires de modalité / auxiliaires modaux
Les modaux sont des auxiliaires (ils sont porteurs de la négation, on les met avant le sujet dans les questions…) qui expriment une modalité, c'est-à-dire le jugement que le locuteur porte sur l'action comme étant possible, autorisée, interdite, etc.

■ préposition / particule
Certains verbes se construisent avec une particule adverbiale qui modifie leur sens.

*The plane **took off**.* L'avion décolla.

Certains verbes fonctionnent avec une préposition qui introduit un groupe nominal.

*She looked **after her brother**.* Elle s'est occupé de son frère.

■ pronom
Un pronom renvoie à un groupe de mots.

*She was supposed to take the file but she forgot **it**. (it = take the file* – pronom personnel) / *I had forgotten my book, so she lent me **hers**. (hers = her book* – pronom possessif)

LES POINTS DE GRAMMAIRE À MAÎTRISER

1 Le pluriel des noms • Les pronoms

1 Le pluriel des noms

■ **En anglais, la marque du pluriel sur le nom est -*s*.**

girl → *girl**s*** — *house* → *house**s***

• Noms terminés par une consonne + -*y* : pluriel en -*ies*.

baby → *bab**ies*** — *party* → *part**ies***

• Noms terminés par -*ch*, -*s* ou -*sh* : pluriel en -*es* (prononcé [iz]).

sandwich → *sandwich**es*** — *wish* → *wish**es***

• Noms terminés par -*f* ou -*fe* : pluriel en -*ves*.

knife → *kni**ves*** — *life* → *li**ves***

calf → *cal**ves*** — mais : *chief* → *chiefs*

➲ En français, on ne met pas de -s au nom propre pour désigner une famille (les Dupont) alors qu'on en met un en anglais *(the Browns)* !

➲ Quelques pluriels irréguliers courants.

man → *men* — *woman* → *women*

child → *children* *goose* → *geese*

foot → *feet* — *mouse* → *mice*

tooth → *teeth* — *basis* → *bases*

■ **Quelques pièges ou difficultés**

• Noms singuliers terminés par un -*s* : **invariables** au pluriel.

a series (une série) → *series* (des séries)

a means (un moyen) → *means* (des moyens)

• Noms terminés par -*is* [ɪs] : pluriel en -*es* (prononcé [ɪz]).

crisis (une crise) → *cris**es***

• Noms indénombrables terminés par un -*s* : uniquement singuliers.

Bad news travels fast.

Les mauvaises nouvelles vont vite. [*news* singulier → *travels*]

- *The USA*, désignant un pays unifié : verbe au singulier.
  The USA ***is*** *composed of 50 states.*

- Pas de *-s* au pluriel :
  fish → *fish* *sheep* → *sheep*
  There are plenty more fish in the sea.
  Un de perdu, dix de retrouvé.

■ **Noms « collectifs »**

Un nom collectif est au singulier mais désigne un ensemble de personnes. Il s'accorde au singulier, si l'on privilégie l'unité du groupe, ou au pluriel, si l'on privilégie les membres du groupe.

The police are looking for a suspect.
La police recherche un suspect.
[*the police* = les policiers, les membres de la police]

The Police publishes an annual report on crime.
[*the Police* = l'institution]

2 Les pronoms

■ **Pour éviter la répétition d'un nom, on peut utiliser un pronom.** Le pronom a un référent. On appelle **référent** le nom que le pronom remplace.

- Pronom sujet
  Maureen said Tom would leave. That's what ***he*** *did.* [*he = Tom*]
  Maureen a dit que Tom partirait. C'est ce qu'il a fait.

- Pronom complément
  "Do you know this guy?" "No, I don't know ***him****."* [*him = this guy*]
  « Tu connais ce type ? – Non, je ne le connais pas. »

- Pronom possessif
  "I haven't got my book." "I have got ***mine****!"* [*mine = my book*]
  « Je n'ai pas mon livre. – J'ai le mien. »

pronoms sujets	pronoms compléments	pronoms possessifs
I	me	mine
you	you	yours
he	him	his
she	her	hers

pronoms sujets	pronoms compléments	pronoms possessifs
it	it	its
we	us	ours
you	you	yours
they	them	theirs

■ Le pronom ***it*** est **neutre**. On l'emploie toutefois pour désigner un être animé (enfant, animal) sans plus de précision. On l'emploie surtout pour annoncer un groupe de mots ou une subordonnée.

***It** is nonsense to say that!*
C'est absurde de dire ça !
[*it = to say that*]
*He finds **it** difficult to accept this sort of attitude.*
Il trouve difficile d'accepter ce genre d'attitude.
[*it = to accept this sort of attitude*]

■ Pour éviter la répétition d'un nom dénombrable, on peut le remplacer par le pronom ***one.***

*Which dress will you buy? I want **the red one**!*
Quelle robe vas-tu acheter ? Je veux la rouge.
*"Who is that girl?" "She is **the one** I told you about."*
« Qui est cette fille ? - C'est celle dont je t'ai parlé. »

➲ *One* ne peut pas figurer après un génitif. Dans ce cas le nom est simplement sous-entendu.
"Give me your book." "I can't, it's not mine, it's Sarah's." [*Sarah's book*]

Des mots à connaître pour faire les exercices

an attempt : une tentative
either... or... : ou... ou...
a human being : un être humain
a loss : une perte
manage to : réussir à
nonsense : une absurdité
pass an exam : réussir un examen
require : requérir, demander
similarly : de la même façon
sit for an exam : passer un examen
travel : voyager

Exercices d'application

1 Mettez au pluriel si nécessaire le mot entre parenthèses.

corrigé p. 17

The Myth of Creation

Plato and Aristophanes, two Greek .... (philosopher), explain creation in a similar way. According to them, the first human being was an .... (androgyne) with four .... (leg) – and consequently four .... (foot) – and four .... (arm). But Zeus decided to split it into two separate .... (being), either a .... (man) and a .... (woman), or two individual .... (man) and .... (woman). Love is therefore seen as an attempt to bring the two .... (half) together again, in order to overcome the terrible .... (loss). Some .... (people) think that this .... (theory) has required a lot of .... (imagination). Many more .... (theory) exist about creation, which have led to many different .... (analysis).

2 Soulignez quand c'est possible les référents des pronoms en gras.

corrigé p. 17

1. My sister couldn't find any mechanic having the time to repair her car, so she had to repair **it** herself.
2. "I have bought a jumper in this shop, but **it** is ripped (*déchiré*). Can you give me another **one**?"
3. My aunt managed to pass her exam in spite of her mother. I know **it** was difficult, but **she** made **it**.
4. The police have arrested three murderers; at the moment, **they** are questioning **them** for information about last month's bank robbery.

1 The Myth of Creation

Plato and Aristophanes, two Greek **philosophers**, explain creation in a similar way. According to them, the first human being was an **androgyne** with four **legs** – and consequently four **feet** – and four **arms**. But Zeus decided to split it into two separate **beings**, either a **man** and a **woman**, or two individual **men** and **women**. Love is therefore seen as an attempt to bring the two **halves** together again, in order to overcome the terrible **loss**. Some **people** (nom collectif, toujours construit avec un pluriel quand il signifie « les gens ») think that this **theory** has required a lot of **imagination** (indénombrable, malgré la présence de *a lot of*). Many more **theories** exist about creation, which have led to many different **analyses** (comme *basis*, nom d'origine grecque finissant en *-is*, se transformant en *-es* au pluriel).

2 1. **it** = the car
2. **it** = a jumper • **one** = jumper
3. **it** = to pass her exam • **she** = my aunt • **it** = sans référent particulier (locution : même si le contexte indique que l'action en question est *pass her exam*, le pronom *it* ne pourrait pas être remplacé par ces mots ; *make it* = réussir)
4. **they** = the police (nom collectif) • **them** = three murderers

2 Nom composé • Complément du nom • Génitif

Certains noms peuvent s'associer pour former un groupe nominal complexe. Ces combinaisons ne sont pas équivalentes.

1 Nom composé

- Formation : **juxtaposition** de deux noms.

a horse race : une course de chevaux
the car keys : les clés de la voiture
a theatre company : une compagnie théâtrale
Ces associations de deux noms figurent la plupart du temps dans les dictionnaires.

- En utilisant un nom composé, on décrit « un genre de… » : *the road network* (le réseau routier), *a computer network* (un réseau informatique).

En anglais, le nom le plus important est placé en deuxième position, contrairement au français. Le premier nom (que l'on accentue à l'oral : *a* ***horse*** *race*) est le déterminant du second et joue le **rôle d'un adjectif.** Il est donc presque toujours invariable (exception : *man* et *woman*).
horse races : des courses de chevaux
mais
women drivers : des conductrices

2 Complément du nom

- Formation : **nom +** ***of*** **+ nom**.

a bottle of wine : une bouteille de vin
the corner of the street : le coin de la rue
the back of the car : l'arrière de la voiture
the door of the attic : la porte du grenier

■ En utilisant le complément du nom, on construit une relation sans décrire « un genre ». Comparez.

He drank ***a bottle of beer****.* Il but une bouteille de bière.
[On parle du contenu.]
He threw ***the beer bottle*** *away.* Il jeta la bouteille de bière.
[On parle du contenant, du type de bouteille : *beer bottle.*]

3 Génitif

■ Formation

- Nom singulier + ***'s*** + nom
  a dog's life : une vie de chien
  John's house : la maison de John
- Nom pluriel + ***'*** + nom
  my parents' ancestors : les ancêtres de mes parents
  the Joneses' house : la maison des Jones
- Nom finissant par un *-s* + ***'*** ou ***'s*** + nom
  Ulysses' / Ulysses's journey : le voyage d'Ulysse
- Nom pluriel ne finissant pas par *-s* + ***'s*** + nom
  my children's bedrooms : les chambres de mes enfants

■ L'emploi du génitif n'est possible que si l'on exprime un **lien particulier**, « d'appartenance » (*John's house*) ou s'y apparentant (*a dog's life*). Il faut donc la plupart du temps que le **premier nom** soit **animé**.

my brother's *wedding* : le mariage de mon frère
[Le génitif placé en premier détermine le nom principal, placé en deuxième position.]

Il peut toujours être remplacé par un adjectif possessif.
my brother's *wedding* = ***his*** *wedding*
my sister's *house* = ***her*** *house*

➲ Attention à **l'ordre des mots.** Comparez :
the Queen*'s eccentric suit* : le tailleur excentrique de la Reine
the eccentric Queen*'s suit* : le tailleur de la Reine excentrique

Génitif ou complément du nom ?

- Vous devez employer le génitif quand l'« objet possédé » est l'antécédent d'une proposition relative.

  *The boy's **car, which** is parked in the back yard, has broken down.*
  La voiture du garçon, qui est garée dans la cour de derrière, est en panne.

- Vous devez employer le complément du nom si c'est le « possesseur » qui sert d'antécédent à la relative.

  *This is the car of **the boy** I told you about.* C'est la voiture du garçon dont je t'ai parlé.
  [*The boy* étant antécédent de la relative, il doit directement précéder la proposition relative et on doit donc avoir recours au complément de nom.]

Des mots à connaître pour faire les exercices

be involved : être impliqué
belong to : appartenir à
injured : blessé
own : posséder, être propriétaire
an owner : un propriétaire
research / a study : une étude
safety : la sécurité
the wedding : le mariage
they are likely to be... : il est probable qu'ils sont...

Exercices d'application

1 Complétez avec le génitif qui convient : ', 's ou Ø.

▸ corrigé p. 22

PARENTS PUT CHILDREN ……… LIVES AT RISK[1] ON THE ROAD

MORE than 80 per cent of parents and carers put children ……… lives at risk by incorrectly using seat belts[2] and child ……… restraints[3], new research has found.

The study, conducted by the Prince of Wales Medical Research Institute (POWMRI), will send "a chill down the spine"[4] of drivers responsible for a child ……… safety, NSW Special Minister of State John Della Bosca said today.

It found almost 30 per cent of children aged four and under who were improperly fitted into a restraint[3] were either seriously injured or killed when they were involved in a crash.

The head and abdomen were among the areas of a child ……… body most commonly injured in car ……… accidents, and children seated in the front were much more likely to be seriously injured than those in the rear, the study found.

1. *put… at risk :* mettre… en péril • 2. *a seat belt :* une ceinture de sécurité • 3. *a restraint :* un réhausseur • 4. *send a chill down sb's spine :* faire froid dans le dos de qqn

© *The Australian*, Sept, 8, 2005, D.R.
http://www.theaustralian.news.com.au/ (adapted)

2 Combinez des mots de la première liste avec des mots de la seconde afin de former des noms composés ou des génitifs si c'est possible. Puis traduisez.

▸ corrigé p. 22

frog • election • government • family • love • army • business • police • (Julius) Caesar

policy • business • federation • doctor • legs • hours • programme • day • relationship

1 Parents put children's lives at risk on the road

MORE than 80 per cent of parents and carers put **children's** lives at risk by incorrectly using seat belts and **child Ø** restraints, new research has found.

The study, conducted by the Prince of Wales Medical Research Institute (POWMRI), will send "a chill down the spine" of drivers responsible for a **child's** safety, NSW Special Minister of State John Della Bosca said today.

It found almost 30 per cent of children aged four and under who were improperly fitted into a restraint were either seriously injured or killed when they were involved in a crash.

The head and abdomen were among the areas of a **child's** body most commonly injured in **car Ø** accidents, and children seated in the front were much more likely to be seriously injured than those in the rear, the study found.

2 frog's legs : des cuisses de grenouille
election day : le jour des élections
the government's policy : la politique du gouvernement (des membres du gouvernement)
the government policy : la politique gouvernementale (*government* joue le rôle d'un adjectif)
family business : affaire familiale
family doctor : médecin de famille
family programme : émission familiale
love relationship : relation amoureuse
army doctor : médecin militaire
business hours : heures de bureau
police federation : syndicat policier
in Caesar's day : à l'époque de César

On voit que le génitif ('s) n'a pu être employé que dans les cas où le premier nom désignait un ou plusieurs êtres animés (*frog, the government, Caesar*) et où il existait une relation d'appartenance entre le deuxième nom et le premier.

3 Les adjectifs

1 Accord et place dans la phrase

Accord

En anglais, l'adjectif est **invariable.** Il ne porte **en aucun cas** la marque du pluriel.

a black cat → *blac**k** cats*

*blue-ey**ed** boys* : des garçons aux yeux bleus

Place dans la phrase

- Adjectif épithète : **avant** le nom qu'il qualifie.
  an incredible story : une histoire incroyable
- Adjectif attribut : **après** le verbe d'état.
  He is very nice. Il est très sympa.
- Les adjectifs introduisant un complément sont toujours postposés (= après le nom).
  He showed me a book (which was) ***unknown to me****.*
  Il m'a montré un livre que je ne connaissais pas.
  This is a story (which is) ***full of surprises****.*
  C'est une histoire pleine de surprises.
- Un même adjectif peut donc se placer avant ou après le nom, selon qu'il a un complément ou non.
  an unknown country : un pays inconnu
  a country unknown to me : un pays que je ne connais pas

➡ Certains adjectifs ne se trouvent qu'en position **attribut** (c'est-à-dire après un verbe d'état). C'est le cas des adjectifs commençant par le préfixe ***a-*****.**

They are alike.	*He is afraid.*
Ils se ressemblent.	Il a peur.

■ **Ordre des adjectifs épithètes**

Lorsque plusieurs adjectifs épithètes se succèdent, ils doivent être ordonnés **du plus subjectif** (domaine de l'opinion) **au plus objectif** (domaine de l'incontestable, du réel).

➲ En cas d'hésitation, pensez ODAFCOM : Opinion – Dimensions – Âge – Forme – Couleur – Origine – Matériau.

an amazing long brown Chinese fur coat
un éblouissant manteau de fourrure chinois long et marron

➲ Les adjectifs employés pour désigner les habitants d'un pays, une nationalité ou une langue commencent toujours par une majuscule.

__W__ales *the __W__elsh __W__elsh*

2 Les adjectifs composés

■ Adjectif + nom au singulier + -***ed***
*a **long-haired** girl*
une fille aux cheveux longs

■ Adjectif / adverbe + verbe + -***ing*** (sens actif)
*a **hard-working** student*
un étudiant travailleur

■ Adjectif / adverbe + verbe au participe passé (sens passif)
*a **richly-decorated** room*
une pièce richement décorée

■ Nombre + unité au singulier (mesure)
*a **20-minute** walk*
une promenade de 20 minutes

➲ Les adjectifs composés peuvent être constitués de plus de deux éléments.
*a **round-the-world** journey* : un voyage autour du monde

3 Comparatif et superlatif

■ Le comparatif est utilisé pour comparer deux éléments. Le superlatif évalue un élément par rapport à un ensemble.

■ Pour les construire, il faut déterminer si l'adjectif est long ou court (une syllabe, ou deux si la 2e se termine par *-y* ou *-er*).

		adjectif long	adjectif court
comparatif	>	***more*** + adjectif + ***than***	adjectif + ***-er*** + ***than***
	<	***less*** + adjectif + ***than***	
	=	***as*** + adjectif + ***as***	
superlatif	>	***the most*** + adjectif	***the*** + adjectif + ***-est***
	<	***the least*** + adjectif	

■ Retenez ces irréguliers courants.

good → *better* → *the best*
bad → *worse* → *the worst*
far → *farther / further* → *the farthest / the furthest*
many / much → *more* → *the most*

➲ Au comparatif et au superlatif, l'adjectif épithète demeure **avant** le nom.
*He has become **the most famous writer** of all times.*
Il est devenu **l'écrivain le plus célèbre** de tous les temps.

4 « De plus en plus », « plus... plus », ...

■ L'accroissement **progressif** exprime une transformation graduelle.
*Marriage makes her **happier and happier**.*
Le mariage la rend de plus en plus heureuse.
*She feels **more and more comfortable** here.*
Elle se sent de plus en plus à l'aise ici.

■ L'accroissement **parallèle** exprime une transformation consécutive à une autre.
***The more** she runs, **the better** she feels.*
Plus elle court, mieux elle se sent.

5 Les adjectifs substantivés

- Formation : ***the*** + adjectif au singulier (***the*** *young* : les jeunes).

- Les adjectifs substantivés permettent de désigner une catégorie d'individus déterminée. Pour parler d'un individu extrait de cette catégorie, il faut avoir recours à un nom. Comparez.

the *rich* : les riches	mais : *a rich* ***man***
the *English* : les Anglais	mais : *an English****man***

➲ Certains adjectifs substantivés employés pour désigner les habitants d'un pays prennent un **-s** au pluriel : *the American****s****, the Greek****s***.

Des mots à connaître pour faire les exercices

a bargain : une affaire (promotion)
be alike : être semblable
be located : être situé
the British : les Britanniques
a Briton : un Britannique
business : les affaires
the country(side) : la campagne
a developer : un promoteur
the French : les Français
a Frenchman : un Français
a gap : un fossé
interesting : intéressant
a journey : un voyage
a novel : un roman
the Scots : les Écossais
Scottish : écossais
a shopping centre : un centre commercial
a short story : une nouvelle
a sleeve : une manche (de vêtement)
the suburbs : la banlieue
travel : voyager

Exercices d'application

1 Mettez dans l'ordre les adjectifs entre parenthèses de manière à obtenir une phrase correcte.

▸ corrigé p. 29

1. Yesterday, I met a (old – American – charming – tiny) lady.
2. She offered me a (ancient – beautiful – big) book.
3. That was a (pink – modern – long-sleeved – cotton) jumper.

2 Mettez au comparatif ou au superlatif l'adjectif entre parenthèses.

▸ corrigé p. 29

1. This is .... (unforgettable) journey I have ever made.
2. My sister-in-law is .... (nice) .... my brother.
3. You can't find a .... (attractive) bargain anywhere.
4. .... (Good) book I have read is "Gone with the wind".
5. This lesson is .... (boring) .... I thought. I can even say it is interesting!
6. Do you think this girl is .... (funny) .... your girlfriend?
7. It is .... (uncomfortable) armchair I've ever sat in!

3 Traduisez les phrases suivantes.

▸ corrigé p. 29

1. C'est le site le plus visité au monde.
2. Plus je te vois, plus je suis heureux.
3. Mon chat devient de plus en plus jaloux.
4. Plus il a peur, moins il veut parler.
5. Elle est de moins en moins riche.

4 Formez des adjectifs composés pour reformuler les phrases suivantes.

▸ corrigé p. 29

1. This boy has got brown eyes and short hair.
He is a .... boy.
2. I saw a gap which was three metres wide.
I saw a .... gap.

3. This girl has long legs.
She is a .... girl.
4. This article about food barely convinced me.
I read a .... article about food.
5. This novel is read widely.
This is a .... novel.
6. Her eyes seemed to be saying: "What do you mean?"
She had that .... look in her eyes.

5 **Mettez les adjectifs entre parenthèses au comparatif afin de compléter le texte suivant.**

corrigé p. 29

SPRAWL[1]: ARE THE SUBURBS CONSUMING THE COUNTRY?
by **Barbara McCuen**

The good news is that .... (**many**) Americans own their home .... ever before. The bad news, many argue, is that many of those homes are located in large new suburban developments – the result of sprawl. As people live .... (**far**) away from urban centers and .... (**old**) suburbs, environmentalists say more problems are created – previously undeveloped land is gobbled up[2] by developers for housing tracts[3] and shopping centers, and residents of these new suburbs must drive .... (**long**) distances both to go to work and to run errands[4].

1. *sprawl :* étalement • 2. *be gobbled up :* être englouti • 3. *a housing tract :* un lotissement • 4. *run errands :* faire les courses

1 1. Yesterday, I met a charming tiny old American lady.
2. She offered me a beautiful big ancient book.
3. That was a modern long-sleeved pink cotton jumper.

2 1. This is **the most unforgettable** journey I have ever made.
2. My sister-in-law is **nicer / less nice than** my brother.
3. You can't find a **more attractive** bargain anywhere.
4. **The best** book I have read is "Gone with the wind".
5. This lesson is **less boring than** I thought. I can even say it is interesting!
6. Do you think this girl is **funnier / less funny than** your girlfriend?
7. It is **the most / least uncomfortable** armchair I've ever sat in!

3 1. It is the most visited site in the world.
2. The more I see you, the happier I am.
3. My cat is becoming more and more jealous.
4. The more afraid / scared / frightened he is, the less he wants to speak.
5. She is less and less rich. / She is poorer and poorer.

4 1. He is a **short-haired brown-eyed** boy.
2. I saw a **three-metre wide** gap.
3. She is a **long-legged** girl.
4. I read a **barely-convincing** article about food.
5. This is a **widely-read** novel.
6. She had that **what-do-you-mean** look in her eyes.

5 **Sprawl: Are the Suburbs Consuming the Country?**
The good news is that **more** Americans own their home **than** ever before. The bad news, many argue, is that many of those homes are located in large new suburban developments – the result of sprawl. As people live **farther (and farther)** away from urban centers and **older** suburbs, environmentalists say more problems are created – previously undeveloped land is gobbled up by developers for housing tracts and shopping centers, and residents of these new suburbs must drive **longer** distances both to go to work and to run errands.

4 Les déterminants

1 Dénombrables / indénombrables

■ Un nom **dénombrable** (ou comptable) peut être dénombré : on peut dire « un... », « deux... »

two trees : deux arbres *a computer* : un ordinateur

■ Un nom **indénombrable** (ou non comptable) ne peut être dénombré : on envisage le nom comme un ensemble d'éléments ou comme un concept abstrait.

rice : le riz *friendship* : l'amitié

■ Certains noms ont un fonctionnement **dénombrable et indénombrable.**

He doesn't lack imagination.
Il ne manque pas d'imagination.
These children have vivid imaginations.
Ces enfants ont une imagination débordante.

Do you want some cake?
Tu veux du gâteau ?
I've made three cakes.
J'ai fait trois gâteaux.

➲ Pour quantifier certains éléments indénombrables, on a recours à des expressions utilisant la structure ***a*** + nom + ***of***...
a lump of sugar : un (morceau de) sucre
a slice of bread : une tranche de pain
a piece of news : une nouvelle
a piece of advice : un conseil
Could I have a piece of information, please?
Je pourrais avoir un renseignement, s'il vous plaît ?

2 L'article *a / an*

■ C'est l'article **indéfini** singulier (*a / an* + nom **dénombrable singulier**).

It's ***a*** *good movie.* C'est un bon film.

■ *A* devant une consonne phonétique : *a car, a uniform* [ju:].
An devant une voyelle phonétique : *an elephant, an umbrella* [ʌ].

➲ Avec *such*, l'ordre des mots est l'inverse du français.
This is ***such an*** *incredible story!*
C'est **une** histoire **tellement** incroyable !

3 L'article Ø

■ **Ø + nom** dénombrable pluriel ou nom indénombrable **indéterminés.**

Ø schools : les / des écoles
Ø power : la puissance

➲ On met Ø devant les noms de pays, sauf ceux qui sont construits à partir de noms communs.
Ø France, Ø Portugal, Ø Japan
mais : ***the*** *United* ***States****,* ***the*** *Nether****lands****,* ***the*** *United* ***Kingdom***

■ L'article Ø renvoie à un concept, à une idée, à une **généralité**.

I am sure Ø children love that sort of programme.
Je suis sûr(e) que les enfants (en général) adorent ce genre d'émission.

4 L'article *the*

■ ***The*** **+ nom déterminé**, **défini**, qu'il soit dénombrable ou indénombrable, qu'il soit singulier ou pluriel.

The *children were playing in* ***the*** *school yard.*
Les enfants (sous-entendu : les nôtres, les élèves de l'école, de la classe) jouaient dans la cour.
The *article deals with computer-addicts.*
L'article (sous-entendu : celui dont on parle) a pour sujet les accros de l'ordinateur (en général).

■ **Quelques règles particulières.**

- *the* + objets uniques : *the Sun, the North…*
- *the* + inventions : *the cinema, the engine…* (mais : *television*)
- *the* + institutions : *the Church, the Press…*
- *the* + rivière : *the Thames, the Seine…*
- *the* + adjectifs substantivés : *the rich, the homeless…* (voir page 26)
- *the* + espèce animale : *The bee is a sociable animal.*
  Mais on a le plus souvent : Ø *Bees are sociable animals.*
- *the* + terme générique : *the Queen*
  Mais Ø + terme générique + nom propre : Ø *Queen Elizabeth II*
- *the* + adjectif au superlatif : *the best bus service*
  Mais Ø + *most* dans le sens de « la plupart » : Ø *Most men think so.*
- *the* + instrument : *I play the violin.*
  Mais Ø + jeu, sport : *I play* Ø *soccer.*

5 Les adjectifs démonstratifs

■ ***This* + nom singulier / *these* + nom pluriel** désignent des éléments considérés par celui qui parle comme proches de lui, réellement ou affectivement.

*I first met **this man** in a coffee-shop.*
J'ai rencontré pour la première fois cet homme dans un café.
[L'homme dont on parle est présent, à proximité.]
*I find **these ear-rings** beautiful!*
Je trouve ces boucles d'oreilles magnifiques !
[Le locuteur les apprécie, ce qui les rend affectivement proches.]

■ ***That* + nom singulier / *those* + nom pluriel** désignent des éléments considérés par le locuteur comme physiquement éloignés ou comme attirant sa réprobation.

*I want **that book** over there.*
Je veux ce livre là-bas.
*How can you wear **those trousers**?*
Comment fais-tu pour porter un pantalon pareil ?

■ *This / these* et *that / those* peuvent aussi fonctionner comme **pronoms**, avec les mêmes valeurs de proximité et d'éloignement.

__This__ is the man I want to marry.
Voici l'homme que je veux épouser.
It's horrible! How can you say __that__?
C'est horrible ! Comment tu peux dire ça !

6 Les adjectifs possessifs

L'adjectif possessif renseigne sur le possesseur et fonctionne comme un déterminant. L'ensemble du groupe nominal précédé d'un adjectif possessif peut être remplacé par un pronom possessif.

Give me __my sister's__ book. Give me __her book__. Give me __hers__.
Donne-moi le livre de ma sœur. Donne-moi son livre. Donne-moi le sien.

adjectif possessif	pronom possessif
my	mine
your	yours
his	his

adjectif possessif	pronom possessif
her	hers
our	ours
their	theirs

Des mots à connaître pour faire les exercices

attempt to : essayer de
bring about : provoquer, susciter
cheat : tricher
a diary : un journal intime
fair play ≠ foul play
fashion : la mode
fashionable : à la mode
foul : commettre une faute
handy : pratique
keen : passionné
a photograph : une photographie
a photographer : un photographe
photography : la photographie (art)
score a goal : marquer un but
successfully : avec succès
a team : une équipe

Exercices d'application

1 Complétez avec l'article qui convient.

▸ corrigé p. 36

Playing cricket

.... cricket is .... team sport for two teams of eleven players each. .... basic concept of cricket is similar to that of .... baseball. Teams bat[1] in successive innings[2] and attempt to score runs[3], while .... opposing team tries to bring .... end to the batting team's innings. After each team has batted .... equal number of innings, ...team with .... most runs wins.

http://www.cs.purdue.edu/homes/hosking/cricket/explanation.htm#basics (adapted)

1. *bat :* manier la batte • 2. *an innings :* un tour de batte • 3. *score runs :* marquer des points

2 Dans les phrases suivantes, choisissez le démonstratif qui convient. Justifiez votre choix.

▸ corrigé p. 36

1. Give me (this / that) ash-tray on the shelf there.
2. (These / Those) who were sitting at the back saw nothing.
3. "Why did you call him 'stupid pig'?" "I never called him (this / that)!"
4. "John has forgotten his spectacles." "I know: (this / that) is exactly what I said a minute ago."

3 Complétez avec l'article (...) ou l'adjectif possessif (___) qui convient ce texte sur l'invention de la photographie « carte-de-visite ».

▸ corrigé p. 36

Disdéri's 'carte-de-visite' photograph

André Disdéri, in 1854, patented[1] .... 'carte-de-visite' photograph. [...] With ___ method, ... multiple poses could be taken on .... same negative. This invention [brought about] .... whole new craze[2], even .... Napoleon III had his own [portrait] published and issued[3] to ___ troops in 1859. His cousin Julie Bonaparte wrote in ___ diary in 1856:

"It is the fashion to have ___ portrait made small in a hundred copies: it only costs fifty francs and it is very handy to give to your friends and to have ___ images constantly at hand."
.... Queen Victoria had .... enormous collection of these photographic [portraits] of .... famous individuals, and ___ popularity overshadowed[4] .... art of the miniature painters who until this time were still working successfully.

http://www.lomography.com/homes/jaypolkest/photos/1677213
© National Portrait Gallery, London (adapted)

1. *patent :* faire breveter • 2. *a craze :* un engouement • 3. *issue :* fournir • 4. *overshadow :* éclipser

1 Playing cricket

Ø Cricket is **a** team sport for two teams of eleven players each. **The** basic concept of cricket is similar to that of **Ø** baseball. Teams bat in successive innings and attempt to score runs, while **the** opposing team tries to bring **an** end to the batting team's innings. After each team has batted **an** equal number of innings, **the** team with **the** most runs wins.

2 1. Give me **that** ash-tray on the shelf there. (*There* indique l'éloignement.)
2. **Those** who were sitting at the back saw nothing. (On raconte quelque chose : éloignement temporel. *Those* = ceux qui…)
3. "Why did you call him 'stupid pig'?" "I never called him **that**!" (Désapprobation par rapport à *'stupid pig'* dont on se détache.)
4. "John has forgotten his spectacles." "I know: **this** is exactly what I said a minute ago." (Réfère à la phrase prononcée : *"John has forgotten his spectacles."* Proximité temporelle.)

3 Disdéri's 'carte-de-visite' photograph

André Disdéri, in 1854, patented **the** (invention) 'carte-de-visite' photograph. With **his** (= *André Disdéri's*) method, **Ø** ((généralité) multiple poses could be taken on **the** (caractère unique) same negative. This invention brought about **a** whole new craze, even **Ø** (terme générique + nom propre) Napoleon III had his own portrait published and issued to **his** *(= Napoleon's)* troops in 1859. His cousin Julie Bonaparte wrote in **her** *(= Julie's)* diary in 1856: "It is the fashion to have **your** *(you = anybody)* portrait made small in a hundred copies: it only costs fifty francs and it is very handy to give to your friends and to have **their** *(= your friends')* images constantly at hand."

Ø (terme générique + nom propre) Queen Victoria had **an** enormous collection of these photographic portraits of **Ø** (généralité) famous individuals, and **their** *(= these photographic portraits')* popularity overshadowed **the** (défini par un complément de nom) art of the miniature painters who until this time were still working successfully.

5 Les quantifieurs

1 *Some, any* et *no*

Some, any et *no* peuvent fonctionner avec des noms dénombrables ou indénombrables.

Some

- *Some* sert à affirmer l'existence d'une **quantité positive mais non déterminée**.

• Phrase affirmative
*I have already eaten **some** grapes.*
J'ai déjà mangé du raisin.

• Phrase interrogative
*Do you want **some** tea?*
Tu prendras du thé ?

- *Some* peut aussi être employé comme pronom.
*I bought grapes. Do you want **some**?*
J'ai acheté du raisin. Tu en veux ?

- **Formes composées :** *something, someone / somebody, somewhere, somehow…*
Aren't you forgetting something?
Tu es sûr(e) que tu n'oublies rien ?

Any

- *Any* sert à envisager un **ensemble** d'éléments sans en retenir aucun en particulier. Sa valeur est neutre, et non positive comme *some*.

• Phrase affirmative
***Any** child can answer that question.*
N'importe quel enfant peut répondre à cette question.

• Phrase interrogative
*Are there **any** children in the yard?*
Il y a des enfants dans la cour ?

- Phrase négative
  *She didn't give me **any** indication.*
  Elle ne m'a donné aucune indication.

- *Any* s'emploie aussi comme pronom.
  *Did you buy shoes? No, I haven't seen **any**.*
  Tu as acheté des chaussures ? Non, je n'en ai pas vu.

- **Formes composées :** *anything, anyone / anybody, anywhere, anyhow…*
  Is there anybody here?
  Il y a quelqu'un ?

No

- *No* **nie l'existence** d'une quantité (phrase négative).
  *You have **no** reason to worry.*
  Tu n'as aucune raison de t'inquiéter.
  *This is **no** game.*
  Ceci n'est pas un jeu.

- Comme pronom, on utilise *none.*
  *I have seen **none**.* Je n'en ai vu aucun.

- **Formes composées :** *nothing, no one / nobody, nowhere…*
  There is nothing I can do about it.
  Je n'y peux rien.

2 Petites et grandes quantités

Parmi les quantifieurs qui suivent, certains expriment une grande quantité, d'autres une petite.

Avant de choisir le quantifieur qui convient, il faut savoir si le nom qu'il détermine est dénombrable ou indénombrable (voir page 30).

	+ indénombrable	+ dénombrable
beaucoup	*much* *a lot of / lots of*	*many* *a lot of / lots of*
peu	*little*	*few*
un peu	*a little*	*a few*

■ **Au comparatif**

much / many → more
few → fewer
little → less

3 L'intensité

■ ***So*** + quantifieur : « tellement ».

There was ***so much*** *snow that I couldn't walk.*
Il y avait tellement / tant de neige que je ne pouvais pas marcher.

■ ***Too*** + quantifieur : « trop ».

You have made ***too many*** *mistakes.*
Tu as commis trop d'erreurs.

■ ***Much / many*** + quantifieur au comparatif : « beaucoup ».

He knows ***much more.***
Il en sait beaucoup plus.
There are ***many more*** *students than last year.*
Il y a beaucoup plus d'étudiants que l'an dernier.

■ ***Even*** + quantifieur au comparatif : « encore ».

She gave me ***even more.***
Elle m'en a donné encore plus.

4 La totalité

■ ***Every*** + nom singulier : « tous les… »

Insiste sur la **totalité.**

She comes ***every*** *day.*
Elle vient tous les jours.
Everybody *is at work.*
Tout le monde est au travail.

■ ***Each*** + nom singulier : « Chaque… »

Insiste sur la **particularité.**

Each *child is different.*
Chaque enfant est différent.

■ ***All*** + nom singulier ou pluriel : « tout le / tous les… »

Insiste sur **l'intégralité.**

*I have changed **all** the linoleum.*
J'ai changé tout le lino.
***All** the students did their homework for once.*
Pour une fois, tous les étudiants firent leurs devoirs.

■ ***Any*** + nom singulier ou pluriel : « tout, n'importe quel… »

Insiste sur **l'indifférenciation.**

*You can take **any** book you like.*
Tu peux prendre le livre que tu veux.

■ ***The whole*** + nom singulier : « le… entier ».

Insiste sur la **globalité.**

***The whole** class reacted violently.*
La classe toute entière a réagi violemment.

5 « Les deux »

■ ***Both*** regroupe deux éléments dans un même ensemble.

*I have seen **both / them both / both of them**.*
J'ai vu les deux.

■ ***The two*** regroupe deux éléments bien distincts, sans en faire l'amalgame.

***The two of them** never agree.*
Tous les deux ne sont jamais d'accord.
[On peut d'ailleurs dire : *the three of them, the four of us…*]

6 « Soit… soit… »

Either… or… donne le choix entre plusieurs éléments.

*You can take **either** the red one **or** the blue one **or** the white one.*
Tu peux prendre soit le rouge, soit le bleu, soit le blanc.

7 « Ni... ni... »

- ***Neither**... **nor*** nie le choix entre plusieurs éléments.

  *You can take **neither** the red one **nor** the blue one **nor** the white one.*
  Tu ne peux prendre ni le rouge, ni le bleu, ni le blanc.

- ***Neither*** tout seul nie le choix entre deux éléments.

  ***Neither of them** agreed.*
  Aucun d'eux (deux) n'a été d'accord.

Des mots à connaître pour faire les exercices

decrease : diminuer
effective : efficace
glad : content
income : les revenus
increase : augmenter
introduce sb : présenter qqn
the level : le niveau
shake hands with : serrer la main de
somehow : d'une certaine façon
a species : une espèce
the stock : les réserves
wonder : se demander

Exercices d'application

1 Classez les mots suivants en dénombrables ou indénombrables.
courage – leg – humility – salt – hour – time – comet – money

▸ corrigé p. 44

Dénombrables : ....
Indénombrables : ....

2 Complétez avec *some, any* ou *no*.

▸ corrigé p. 44

Yesterday, ... friends and I were invited to a party. But there was .... thing to eat there! I looked everywhere, but I couldn't find .... biscuits, nor .... crisps, although there was .... bread in a basket on a table. ....body asked me: "Do you want ....thing to drink?" I asked if there was .... soda, and I heard there was .... in the fridge. I've never seen that ....where!

3 Traduisez les phrases suivantes.

▸ corrigé p. 44

1. Il y a beaucoup plus de pollution qu'avant.
2. J'ai tellement envie d'une glace !
3. J'ai encore moins de patience qu'il y a deux ans.
4. Il y a trop de bruit ici.
5. J'ai rencontré tellement de gens là-bas !
6. Il y a moins d'élèves dans cette classe qu'au début de l'année.
7. Elle lui en a donné mais il en veut encore plus !

4 Soulignez le quantifieur qui convient.

▸ corrigé p. 44

1. Now, (the whole / all the / every) world wonders who the new American president is going to be!
2. She introduced me to her two sisters, and I gladly shook hands with (neither / both / either of them / the two of them).

3. (Everybody / All the world / The whole world) thinks he is the bravest guy in the world.
4. I want (the whole / all / any) that you can give me.
5. She proposed a cup of tea and a biscuit, but I accepted (neither / none / not any).
6. In this school, (any / each / all) misbehaviour will be severely punished.

5 Soulignez le quantifieur qui convient.

▸ corrigé p. 44

TOO (FEW / LOTS OF / MANY) PEOPLE CHASE TOO (LITTLE / FEW / MUCH) FISH

Throughout the world, (the more / more and more / fewer) boats catch (less and less / more and more / most) fish. Consequently, there are (little / fewer and fewer / less) fish to be caught. The problem is that fish can't reproduce as fast as they are fished. And over time, (less / fewer / more) fish means (less / much / fewer) money for poor local fishermen, and also the potential extinction of entire species of fish. (Some / A few / Much) studies have recently been carried out in order to determine the impact of overfishing on (all / the two / both) the fish and the people for whom fishing is the main source of income. Actually, (much / a lot / most) fishermen agreed that fish stocks had been decreasing rapidly and that something had to be done. (Few / Many / Too much) fishermen agreed that something had to be done to restock the levels of fish in the ocean.

D. R.

1 Dénombrables : leg – hour – time *(fois)* – comet
Indénombrables : courage – humility – salt – time *(temps)* – money

2 Yesterday, **some** friends and I were invited to a party. But there was **nothing** to eat there! I looked everywhere, but I couldn't find **any** biscuits, nor **any** crisps (*nor* : « ni… », sens négatif : ici précédé de ***couldn't*** qui joue le rôle de *neither : I **couldn't** find any biscuits **nor** any crisps = I could find **neither** biscuits **nor** crisps*), although there was **some** bread in a basket on a table. **Somebody** asked me: "Do you want **something** (plus poli que *any*) to drink?" I asked if there was **any** soda, and I heard there was **some** in the fridge. I've never seen that **anywhere**!

3 1. There is **much more** pollution than before.
2. I want an ice-cream **so much**!
3. I have (got) **even less** patience than two years ago.
4. There is **too much** noise here.
5. I met **so many** people there!
6. There are **fewer students** in this class than at the beginning of the year.
7. She gave / has given him **some**, but he wants **even more**!

4 1. the whole
2. both / the two of them
3. Everybody (attention : traduit par « tout le monde »)
4. all / any
5. neither
6. any

5 **Too many people chase too few fish** (*fish* est ici dénombrable : on ne parle pas du poisson en tant qu'aliment)
Throughout the world, **more and more** boats catch **more and more** fish. Consequently, there are **fewer and fewer** fish to be caught. The problem is that fish can't reproduce as fast as they are fished. And over time, **fewer** fish means **less** money for poor local fishermen, and also the potential extinction of entire species of fish. **Some** studies have recently been carried out in order to determine the impact of over-fishing on **both** the fish and the people for whom fishing is the main source of income. Actually, **most** (dans le sens de « la plupart ») fishermen agreed that fish stocks had been decreasing rapidly and that something had to be done. **Many** fishermen agreed that something had to be done to restock the levels of fish in the ocean.

6 Présent simple et en *be* + V-*ing*

1 Présent simple

Formes

- Forme affirmative : base verbale (+ -*s* à la 3e personne du singulier).
  I run *he swims*
- Forme négative : auxiliaire *do* / *does* + *not* + base verbale.
  *I **don't** understand* *he **doesn't** know*
- Forme interrogative : auxiliaire *do* / *does* + sujet + base verbale.
  ***Do** you read?* ***Does** he hunt?*

Emplois

Il sert à annoncer une action **sans la commenter**.

- Action répétitive, habitude.
  *She **has** tea every day at 5.*
  Elle prend le thé tous les jours à 5 heures.
- Action très brève, instantanée.
  *And Beckam **scores** the goal!*
  Et Beckam marque le but !
- Indications scéniques.
  *Sarah **presents** the flowers to Manus.*
  Manus : "Those are lovely, Sarah." (Brian Friel, *Translations*, 1980)
  Sarah tend le bouquet de fleurs à Manus.
  Manus : « Elles sont très jolies, Sarah. »
- Perception, processus mental, goûts.
  *I hope you **understand**.*
  J'espère que tu comprends.
- Action à venir, programmée.
  *He **takes** the train tomorrow at 10.*
  Il prend le train demain à 10 heures.

2 Présent en *be* + V-*ing*

- **Formes :** auxiliaire *be* conjugué (+ *not*) + V-*ing*.
- Forme affirmative : *He is running.*
- Forme négative : *They are not listening.*
- Forme interrogative : *Are you working?*

➲ Attention à doubler la consonne finale avant -*ing* dans les cas suivants :
- Verbe d'une syllabe finissant par consonne + voyelle + consonne : *run* → *ru**nn**ing*.
- Verbe de deux syllabes ou plus finissant par consonne + voyelle + consonne, accentué sur la dernière syllabe : *prefer* → *prefe**rr**ing*.

C'est aussi le cas pour certains verbes de deux syllabes accentués sur la première : *travel* → *trave**ll**ing*

Emplois

Plus personnel, il sert à décrire **une action que l'on « visualise »,** en réalité ou dans l'esprit. On l'appelle aussi « présent progressif » ou « présent continu ».

- Action ou activité en cours de déroulement.
  *I can't disturb him: he **is working**.*
  Je ne peux pas le déranger : il travaille.
- Description, observation.
  *This picture represents two girls who **are studying** a score. They **are sitting** next to a piano.*
  Cette image représente deux filles qui étudient une partition. Elles sont assises près d'un piano.
- Action à venir dont le locuteur se porte garant (c'est décidé, sûr, c'est aussi sûr que si c'était en train de se produire).
  ***I'm visiting** Uncle Godfrey next Sunday.*
  Je vais voir Oncle Godfrey dimanche prochain.

➲ Notez l'emploi du présent en *be* + V-*ing* pour décrire les positions humaines.
He is standing.
Il est debout.
They are sitting.
Elles sont assises.

3 Quel présent employer ?

Avec les adverbes de fréquence

- Vous voulez décrire une habitude **sans la commenter**

→ **présent simple**.
He always goes for his morning jog.
Il fait toujours son jogging matinal.

- Vous voulez montrer votre **irritation** face à une habitude

→ **présent en *be* + V-*ing***.
You are always complaining!
Tu te plains tout le temps ! [sous-entendu : Arrête de te plaindre ! Ici *always* sera accentué.]
You are always running, you never have time for me.
Tu cours tout le temps, tu n'as jamais de temps pour moi.

Avec les verbes de perception, de sentiment

- Vous voulez exprimer un sentiment, **sans le commenter**

→ **présent simple.**
"How do you feel?" "I feel cold."
« Comment te sens-tu ? – J'ai froid. »
I hate that kind of stories.
Je déteste ce genre d'histoires.

- À l'inverse, vous voulez faire un **commentaire**

→ **présent en *be* + V-*ing***.
She is feeling sick.
Elle se sent mal. [Elle a des nausées au moment où l'on parle. Celui qui parle voit qu'elle va s'évanouir !]
I'm still loving you...
Je t'aime toujours...

➲ **Conclusion** : en règle générale, la forme simple se contente d'énoncer un fait tandis que la forme en *be* + V-*ing* permet de commenter un fait.

Des mots à connaître pour faire les exercices

be alike : être semblable
be different from : être différent de
be related to : avoir un lien de parenté avec
bear : supporter
celebrate : fêter
chat : bavarder
a common point : un point commun
complain : se plaindre
disturb : déranger
feel close to : se sentir proche de
friendship : l'amitié
a large family : une famille nombreuse
a link : un lien
look forward to + GN / V-*ing* : attendre qqch. avec impatience
a pumpkin : une citrouille
relationship : une relation
a turkey : une dinde

Exercices d'application

1 Complétez en mettant au présent simple les verbes entre parenthèses.

▸ corrigé p. 51

1. I .... (not / remember) who .... (run) every day.
2. .... your brother .... (know) that I .... (go) swimming every two weeks?
3. Lucy .... (not / work) here anymore.
4. .... they .... (work) as hard as they .... (say)?

2 Complétez en mettant au présent en *be* + V-*ing* les verbes entre parenthèses.

▸ corrigé p. 51

1. I .... (not / read).
2. .... they .... (paint) the wall?
3. John .... (chat) with his friends. They .... (always / chat) when they should be working!
4. .... your brother .... (play) right now?

3 Présent simple ou en *be* + V-*ing* ? Complétez ce dialogue.

▸ corrigé p. 51

Celebrating Thanksgiving

Teacher – Thanksgiving and traditions .... (go) hand in hand. Many families .... (begin) the day by attending church services. The usual Thanksgiving dinner .... (consist) of turkey, cranberries...

Student – What sort of dessert .... (they / have)?

Teacher – They usually .... (eat) baked pumpkin and apple pie.

Student – .... (you / celebrate) Thanksgiving this year, teacher?

Teacher – Yes, and I .... (look) forward to it! My family and I .... (go) to New York to see the Macy's Day Parade. My daughter .... (want) to take part in it.

4 Soulignez la proposition qui convient en fonction du contexte. Justifiez votre choix.

corrigé p. 51

1. Tom!… Tom!! (What do you do? / What are you doing?)
2. I'm fed up with your behaviour. You (always say / are always saying) silly things!
3. Glad to hear you've got a new job. What about Tom? What (does he do / is he doing)? (Does he work / Is he working) or is he still unemployed?
4. My brother (plays / is playing) the violin every evening and he (gets / is getting) better and better.

1 1. I **don't remember** who **runs** every day.
2. **Does** your brother **know** that I **go** swimming every two weeks?
3. Lucy **doesn't work** here anymore.
4. **Do** they **work** as hard as they **say**?

2 1. I am not reading.
2. Are they painting the wall?
3. John is chatting with his friends. They are always chatting when they should be working!
4. Is your brother playing right now?

3 **Celebrating Thanksgiving**

Teacher – Thanksgiving and traditions **go** hand in hand. Many families **begin** the day by attending church services. The usual Thanksgiving dinner **consists** of turkey, cranberries…
Student – What sort of dessert **do they have**?
Teacher – They usually **eat** baked pumpkin and apple pie.
Student – **Are you celebrating** Thanksgiving this year, teacher?
Teacher – Yes, and **I am looking** forward to it! My family and I **are going** to New York to see the Macy's Day Parade. My daughter **wants** to take part in it.

Dans les années vingt, les employés descendants d'immigrants qui travaillaient au magasin Macy's à New York ont organisé une parade pour célébrer *Thanksgiving*. La tradition a perduré, avec un défilé de personnages représentés par des ballons gonflés à l'hélium (maintenant largement télédiffusé).

4 1. What are you doing? (Tom est appelé deux fois, il ne répond pas : le locuteur est visiblement énervé. On pourrait traduire ici par : « Qu'est-ce que tu fabriques ? »)
2. are always saying (irritation, reproche)
3. What is he doing? Is he working…? (On se demande si sa situation a changé récemment.)
4. plays (habitude, pas d'irritation ici puisque le jugement apporté dans la phrase qui suit est positif) • is getting (transformation, insistance sur une action en cours de déroulement)

7 Prétérit simple et en *be* + V-*ing*

1 Prétérit simple

Formes

• Forme affirmative : base verbale + -*ed* (verbes réguliers) ou forme particulière pour les verbes irréguliers (voir page 231).

*I listen**ed**.* J'écoutai. / J'ai écouté. / J'écoutais.
*She walk**ed**.* Elle marcha. / Elle a marché. Elle marchait.
*They **knew**.* Ils surent. / Ils ont su. / Ils savaient.
*He **ran**.* Il courut. / Il a couru. / Il courait.

• Forme négative : auxiliaire *did* + *not* + base verbale.

I didn't know *they didn't hear*

• Forme interrogative : auxiliaire *did* + sujet + base verbale.

Did you hear them? *Where did you go?*

➲ Attention à doubler la consonne finale avant -*ed* dans les cas suivants :
• Verbe d'une syllabe finissant par consonne + voyelle + consonne : *chat* → *cha**tt**ed.*
• Verbe de deux syllabes ou plus finissant par consonne + voyelle + consonne, accentué sur la dernière syllabe : *prefer* → *prefe**rr**ed.*
C'est aussi le cas en anglais britannique pour certains verbes de deux syllabes accentués sur la première : *travel* → *trave**ll**ed*

Emplois

• Il sert à parler d'une action située **dans le passé, datée** (parfois implicitement), sans lien avec le présent. C'est le temps de la biographie, du récit lié au temps révolu.

*I didn't go to the party, I **went** to the theatre instead.*
Je ne suis pas allée à la fête, à la place je suis allée au théâtre.
*Admiral Nelson **died** during the battle of Trafalgar.*
L'amiral Nelson est mort pendant la bataille de Trafalgar.

- Il renvoie à de **l'irréel** : on parle alors de valeur modale (voir page 117).
  *If you listen**ed** to me you would know what to do.*
  Si tu m'écoutais, tu saurais quoi faire.

Il peut donc exprimer un souhait, ou un regret sur un fait présent.
  *I wish he **knew** her.*
  J'aimerais qu'il la connaisse. / Je regrette qu'il ne la connaisse pas.
  *If only she work**ed** harder!*
  Si seulement elle travaillait plus dur !

Pour l'expression du regret portant sur un fait passé, voir page 117.

- Il s'emploie pour rapporter un discours après un verbe introducteur au passé (concordance des temps, voir page 131).
  *My sister said that Paul **was** the best friend she could ever have.*
  Ma sœur a dit que Paul était le meilleur ami du monde.

➲ Le *-ed* final se prononce :
- [d] après les consonnes sonores et les voyelles : *stunned, amazed, played.*
- [t] après les consonnes sourdes : *reached, flushed, hissed.*
- [ɪd] après les dentales ([d] et [t]) : *wanted, added.*

2 Prétérit en *be* + V-*ing*

■ **Formes** : auxiliaire *be* conjugué au prétérit (+ *not*) + V-*ing*
- Forme affirmative : *He was sitting.*
- Forme négative : *They were not working.*
- Forme interrogative : *Were you waiting for me?*

■ **Emplois**

Il sert à apporter un commentaire sur une action passée vue en cours de déroulement. On l'appelle aussi « prétérit progressif » ou « prétérit continu ».

- Action ou activité en cours de déroulement.
  *They **were mowing** the lawn when she arrived.*
  Ils étaient en train de tondre la pelouse quand elle est arrivée.
- Description, observation.
  *They **were** all **standing** when he came back on stage to take a bow to the audience.*
  Ils étaient tous debout quand il revint sur scène pour saluer.

3 Quel prétérit employer ?

- Vous voulez rapporter ce qu'a dit Mrs Jones l'autre jour
→ **prétérit simple**.

*She **said** that the match had been really enjoyable.*
Elle a dit que ç'avait été vraiment un beau match.

- Vous voulez dire ce qu'elle disait quand vous êtes entré
→ **prétérit en *be* + V-*ing***.

*She **was saying** that she didn't want to go there at first.*
Elle était en train de dire qu'au départ, elle ne voulait pas y aller.

- Observez :

*When he opened the door, the phone **was ringing**.*
Quand il ouvrit la porte, le téléphone sonnait.
[Il sonnait déjà avant qu'il n'ouvre la porte.]

*When he opened the door, the phone **rang**.*
Quand il ouvrit la porte, le téléphone sonna.
[Le téléphone s'est mis à sonner au moment où il a ouvert la porte.]

Des mots à connaître pour faire les exercices

the audience : le public
be like : ressembler
a corner : un coin
a performance : une représentation
a play : une pièce de théâtre
scar : laisser une cicatrice
the stage : la scène
successful : qui a du succès, réussi
suffer : souffrir
suffering : la souffrance
a wedding : un mariage

Exercices d'application

1 Mettez au prétérit les verbes réguliers suivants. Attention au doublement éventuel de la consonne finale !

corrigé p. 57

guard	open	part	pin	rebel	refer
repeat	scar	suffer	thicken	wonder	

2 Mettez les verbes entre parenthèses au prétérit simple.

corrigé p. 57

1. I .... (not / understand) why she .... (say) that.
2. When .... (you / visit) that museum? I .... (visit) it last year.
3. I .... (not / talk) with him but I .... (chat) with her a little.

3 Mettez les verbes entre parenthèses au prétérit en *be* + V-*ing*.

corrigé p. 57

1. They .... (not / sit), they .... (stand), but my sister .... (squat) in a corner of the room.
2. .... (your brother / listen) when I gave the instructions?

4 Mettez les verbes entre parenthèses au prétérit simple ou en *be* + V-*ing*.

corrigé p. 57

The Genesis of *Peter Pan*

James Barrie .... (be born) in Scotland in 1860. He .... (want) so much to be like his brother David, who had died at 14, that he .... (stop) growing at the same age. One day, as he .... (work) on a play in Kensington Gardens, he .... (meet) Llewelyn Davis's boys, with whom he .... (become) friends. When their parents .... (die) of cancer, he .... (adopt) them. He .... (lose) a lot of money in unsuccessful plays when he .... (write) *Peter Pan*, which immediately .... (become) a great success.

5 Classez les verbes suivants dans les colonnes ci-dessous en fonction de la prononciation du -*ed* final.

▸ corrigé p. 57

practise – refuse – laugh – create – see – consider – marry – underrate – fasten – arrange – join – wish – settle – charm – list

[d]	[t]	[ɪd]
....	....	....

1 guarded (deux consonnes finales, donc pas de doublement)
opened (accent sur la première syllabe)
parted (« se séparer », deux consonnes finales)
pinned (« épingler », C + V + C)
rebelled (C + V + C + syllabe finale accentuée)
referred (C + V + C + syllabe finale accentuée)
repeated (V + V + C, donc pas de doublement)
scarred (C + V + C)
suffered (première syllabe accentuée)
thickened (première syllabe accentuée)
wondered (première syllabe accentuée)

2 1. didn't understand • said
2. did you visit • visited
3. didn't talk • chatted

3 1. were not sitting • were standing • was squatting
2. Was your brother listening…?

4 **The Genesis of *Peter Pan***
James Barrie **was born** in Scotland in 1860. He **wanted** so much to be like his brother David, who had died at 14, that he **stopped** growing at the same age. One day, as he **was working** on a play in Kensington Gardens, he **met** Llewelyn Davis's boys, with whom he **became** friends. When their parents **died** of cancer, he **adopted** them. He **was losing** (*lost* impliquerait que la perte financière est intervenue après la création de *Peter Pan*, ce qui est illogique puisqu'on dit que la pièce a été un succès immédiat) a lot of money in unsuccessful plays when he **wrote** *Peter Pan*, which immediately **became** a great success.

5 Attention au piège : *see* est irrégulier (prétérit : *saw*) !

[d]	[t]	[ɪd]
refused • considered • married • fastened • arranged • joined • settled • charmed	practised • laughed • wished	created • underrated • listed

8 *Have* + participe passé

1 Le *present perfect* simple

■ **Formes :** *have / has* (+ *not*) + participe passé (pour les verbes irréguliers, voir page 231).

*I **have** finish**ed**.*
*She **hasn't done** it yet.*
***Have** they **made** up their minds?*

■ **Emplois**

Comme son nom et sa construction l'indiquent, le *present perfect* exprime un lien entre le **présent** (*present / have / has*) et le **passé** (*perfect /* participe passé). Il s'emploie pour parler d'une action passée et dont il importe peu de savoir dans quelles conditions elle s'est déroulée exactement : ce qui compte, c'est le **bilan** que l'on fait au présent. On utilise cette forme :

- Pour parler d'une action **non datée.**
  *I **have read** that book as well.*
  J'ai aussi lu ce livre. [sous-entendu : je peux aussi en parler]

- Pour envisager les conséquences, **le résultat** d'une action sur le présent.
  *He **has eaten** too much, he feels sick now.*
  Il a trop mangé, il a mal au cœur maintenant.

- Pour parler d'une **action très récente** avec *just* (« venir de »).
  *I **have** just **finished** reading this article.*
  Je viens de finir de lire cet article.

- Pour faire **le bilan** d'une action qui se prolonge **jusqu'au moment présent** (avec *for / since* lorsqu'ils signifient « depuis »).
  *I **have known** him **for** two years.*
  Je le connais depuis deux ans. [*for* + durée]

*She **hasn't seen** her aunt since she left school.*
Elle n'a pas vu sa tante depuis qu'elle a quitté l'école.
[*since* + moment précis du passé : verbe au prétérit / moment daté]

➲ Ne confondez pas **prétérit** et ***present perfect.*** C'est le point de vue du locuteur, ce dont il veut parler, qui détermine l'emploi de l'un ou l'autre.

- Le prétérit s'emploie pour les actions situées dans le passé, ponctuelles, sans lien avec le présent, donc pour les narrations (voir page 52). Pour le locuteur, l'action est terminée, coupée du présent.
*I **saw** Tom this morning.*
J'ai rencontré Tom ce matin.
[On est l'après-midi, le soir...]
- Au *present perfect*, il y a encore un lien avec le présent : on fait le bilan, l'action est récente...
***I've seen** Tom this morning.*
J'ai rencontré Tom ce matin.
[On est encore le matin et on fait le bilan de ses rencontres.]

2 Le *present perfect* en *be* + V-*ing*

Formes : *have / has* (+ *not*) + *been* + V-*ing*.

*A taxi **has been following** us since we left home.*
Un taxi nous suit depuis que nous avons quitté la maison.
[*has been following* est ici traduit en français par un présent, temps du bilan.]

Emplois

Avec l'emploi de la forme en *be* + V-*ing*, le locuteur ajoute une information. Comme pour le présent en *be* + V-*ing*, il insiste sur le fait que l'**action est en cours de déroulement**. On utilise cette forme :

- Pour parler d'une action qui a des **traces visibles au présent**.
*You've **been running**, you're sweating!*
Tu as couru, tu transpires !
- Pour parler d'une action qui a commencé dans un passé non déterminé et dont on indique **qu'elle continue dans le présent**.
*It **has been snowing** all day.*
Il a neigé toute la journée. [Et il neige toujours.]

- Pour insister sur la **durée** de l'action.
  *I **have been waiting** for you for an hour!*
  Cela fait une heure que je t'attends !

- Pour marquer son **énervement** ou son **irritation** par rapport à une action qui se répète.
  *John! You**'ve been playing** computer games again!*
  John ! Tu as encore fait des jeux sur l'ordinateur !

■ **Quel *present perfect* employer ?** Comparez.

*She **has waited** for an hour but he hasn't phoned yet.*
Cela fait une heure qu'elle attend mais il n'a pas encore téléphoné.
[bilan neutre, constat sur le fait qu'elle attend]

*She **has been waiting** for an hour and she's getting impatient.*
Cela fait une heure qu'elle attend et elle commence à s'impatienter.
[énervement sous-jacent du locuteur]

➲ Vous pouvez en déduire que certains verbes, qui ne décrivent pas une activité et donc ne peuvent être associés ni à une durée, ni à un déroulement, sont quasiment **incompatibles** avec la forme en *be* + V-*ing* : verbes d'état, verbes décrivant une action très ponctuelle (*start, finish*...).

3 Le *past perfect* simple

■ **Formes** : *had* + participe passé

*She said she **had** already **made** up her mind.*
Elle a dit qu'elle avait déjà pris sa décision.

■ **Emplois**

- Il s'utilise pour parler d'une action **antérieure** à une action passée.
  *When I came into the meeting room, it was empty: everybody **had gone** home.*
  Quand je suis entré dans la salle de réunion, elle était vide : tout le monde était rentré chez soi.
  *When I arrived at the theatre, the foyer was empty: the play **had begun**.*
  Quand je suis arrivé(e) au théâtre, le hall était vide : la pièce avait commencé.

- Il s'utilise après *if (only), I wish, I would rather*, pour exprimer le **regret**. Dans cet emploi, il est appelé « pluperfect modal ».
  *I wish you **had listened** to me!*
  J'aurais voulu que tu m'écoutes.
  *If only I **hadn't been** so stupid!*
  Si seulement je n'avais pas été aussi stupide !
  *I'd rather you **had told** me before.*
  J'aurais préféré que tu m'en parles avant.

➲ Pour exprimer le souhait, on utilisera le prétérit (voir page 53). La situation se déroule maintenant, elle n'est pas révolue, il n'est pas trop tard !
*I wish he **cared** more about me.*
J'aimerais qu'il fasse plus attention à moi.

4 Le *past perfect* en *be* + V-*ing*

■ **Formes** : *had* + *been* + V-*ing*

*Then I realised he **had been acting** like a fool.*
J'ai alors pris conscience qu'il s'était comporté comme un idiot.

■ **Emplois**

- Son emploi est similaire à celui du *present perfect* en *be* + V-*ing*, mais on situe l'action par rapport à un moment déterminé du **passé**.
  *He **had been speaking** for about an hour when he suddenly realised that nobody was listening.*
  Il parlait depuis environ une heure quand soudain il prit conscience que personne n'écoutait.
- On l'utilise donc :

– quand on est dans un contexte passé, à cause de la **concordance des temps** (*past*) ;

– quand on fait un **bilan**, que l'on envisage les conséquences de l'activité sur le présent du récit (*perfect*) : avec *for, since…* ;

– quand l'action était encore **en cours de déroulement**, pour insister sur la **durée** et marquer parfois son **énervement** (*be* + V-*ing*).

Des mots à connaître pour faire les exercices

an advert : une publicité
an attempt : une tentative
for : pour + GN / depuis + durée
guess : deviner
investigate : enquêter
make up one's mind : se décider
miss : manquer
I miss you : tu me manques
not... yet : pas encore
since : depuis + date / puisque
a stick : un bâton
stick (stuck, stuck) : coller
a study : un bureau (pièce)
study : étudier
a survey : une étude (statistique)

Exercices d'application

1 Mettez le verbe entre parenthèses au *present perfect* ou au prétérit. Soulignez quand c'est possible les indices qui ont déterminé votre choix.

corrigé p. 66

1. .... (you / see) that poster on the wall? I can't believe someone .... (stick) such an ugly advert right here!
2. John .... (not / see) Meg since 2004.
3. .... (they / already / design) their new invention?
4. She .... (write) that letter to her husband when she .... (be) in Spain.
5. How long .... (you / study) biology?
6. .... (she / visit) that monument last year?
7. I .... (not / open) a book for ages.
8. I .... (not / start) working on this essay yet.

2 Mettez le verbe entre parenthèses au *present perfect.*

corrigé p. 66

1. I .... (never / visit) this museum before.
2. John .... (play) the violin for one hour, can't he stop now?
3. They .... (know) each other for a year or two.
4. "Why do you look so worried?" "That man .... (look) at us since we arrived. I don't like it."
5. My God, your room is in such a mess! What .... (you / do)??
6. I see you .... (paint) the wall as I told you to, your trousers are covered with green paint.

3 Mettez le verbe entre parenthèses au *present perfect* (simple / en *be* + V-*ing*) ou au *past perfect* (simple / en *be* + V-*ing*).

corrigé p. 66

1. I .... (work) on that survey for over a week when my boss suddenly realised that he .... (give) me the wrong figures.
2. They .... (live) in this city for ten years, it will be difficult for them to move.

3. My uncle told me he ……… (already / be) to Mexico, but I didn't believe him: I ……… (see) any pictures from Mexico in his photo album so far.
4. I could see Kim was fed up with that survey: she ……… (try) to find information about bus services in Los Angeles and ……… (not / manage) to meet anyone who could tell her anything about them.

4 Complétez ce texte en mettant le verbe entre parenthèses au *present perfect* ou au *past perfect* simples.

corrigé p. 67

Dans cet extrait, Sherlock Holmes demande à Watson d'observer une canne et d'en tirer des conclusions sur son propriétaire.

"I think," said I, following as far as I could the methods of my companion, "that Dr Mortimer is a successful, elderly medical man, well-esteemed since those who know him give him this mark of their appreciation."
"Good!" said Holmes. "Excellent!"
"I think also that the probability is in favour of his being a country practitioner[1] who does a great deal of his visiting on foot."
"Why so?"
"Because this stick, though originally a very handsome one ……… (be) so knocked about that I can hardly imagine a town practitioner carrying it. The thick-iron ferrule is worn down[2], so it is evident that he ……… (do) a great amount of walking with it."
"Perfectly sound[3]!" said Holmes.
"And then again, there is the 'friends of the C.C.H.' I should guess that to be the Something Hunt[4], the local hunt to whose members he ……… possibly ……… (give) some surgical[5] assistance, and which ……… (make) him a small presentation[6] in return."
"Really, Watson, you excel yourself," said Holmes, pushing back his chair and lighting a cigarette. "I am bound to say that in all the accounts[7] which you ……… (be) so good as to give of my own small achievements you ……… habitually ……… (underrate[8]) your own abilities. It may be that you are not yourself luminous, but you are a conductor of light. Some people without possessing genius have a remarkable power of stimulating it. I confess, my dear fellow, that I am very much in your debt."

He .... never .... (say) as much before, and I must admit that his words gave me keen pleasure, for I .... often .... (be) piqued by his indifference to my admiration and to the attempts which I .... (make) to give publicity to his methods. I was proud, too, to think that I .... so far .... (master) his system as to apply it in a way which earned his approval. He now took the stick from my hands and examined it for a few minutes with his naked eyes. Then with an expression of interest he laid down his cigarette, and carrying the cane to the window, he looked over it again with a convex lens[9].

Sir Arthur Conan Doyle, *The Hound of the Baskervilles*, 1902.

1. *practitioner* : médecin • 2. *worn down* : abîmé • 3. *sound* : logique •
4. *Something Hunt* : le club de chasse Untel • 5. *surgical* : chirurgical •
6. *presentation* : remise d'une récompense • 7. *account* : compte rendu •
8. *underrate* : sous-estimer • 9. *convex lens* : loupe

1 1. **Have you seen** that poster on the wall? I can't believe someone **has stuck** (moment indéfini du passé) such an ugly advert right here!
2. John **has not seen** Meg since 2004.
3. **Have they** already **designed** their new invention?
4. She **wrote** that letter to her husband when she **was** in Spain. (*When* date implicitement.)
5. How long **have you been studying** biology? (Avec *how long*, on fait un bilan : « depuis combien de temps… »)
6. **Did she visit** that monument last year?
7. I **haven't opened** a book for ages.
8. I **haven't started** working on this essay yet.

2 1. I **have never visited** this museum before.
2. John **has been playing** the violin for one hour, can't he stop now? (action toujours en cours, puisqu'on souhaite qu'elle s'arrête)
3. They **have known** each other for a year or two. (*know* n'est pas une activité, on ne peut mettre *be* + V-*ing* ici)
4. "Why do you look so worried?" "That man **has been looking** at us since we arrived… I don't like it."(Implicitement l'homme les regarde toujours.)
5. My God, your room is in such a mess! What **have you been doing**?? (énervement)
6. I see you **have been painting** the wall as I told you to, your trousers are covered with green paint… (trace de l'activité récente, les marques de peinture sur le pantalon)

3 1. I **had been working** (contexte passé, bilan de durée) on that survey for over a week when my boss suddenly realised that he **had given** (il a donné les mauvais chiffres avant d'en prendre conscience !) me the wrong figures.
2. They **have lived / have been living** in this city for ten years, it will be difficult for them to move.
3. My uncle told me he **had already been** (contexte passé, bilan) to Mexico, but I didn't believe him: I **haven't seen** (cette fois le bilan est présent) any pictures from Mexico in his photo album so far.
4. I could see Kim was fed up with that survey: she **had been trying** (contexte passé, insistance sur la durée) to find information about bus services in Los Angeles and **had not managed** (*manage* est ponctuel : il n'est guère compatible avec *be* + V-*ing*) to meet anyone who could tell her anything about them.

4 The Hound of the Baskervilles

"I think," said I, following as far as I could the methods of my companion, "that Dr Mortimer is a successful, elderly medical man, well-esteemed since those who know him give him this mark of their appreciation."
"Good!" said Holmes. "Excellent!"
"I think also that the probability is in favour of his being a country practitioner who does a great deal of his visiting on foot."
"Why so?"
"Because this stick, though originally a very handsome one **has been** so knocked about that I can hardly imagine a town practitioner carrying it. The thick-iron ferrule is worn down, so it is evident that he **has done** a great amount of walking with it."
"Perfectly sound!" said Holmes.
"And then again, there is the 'friends of the C.C.H.' I should guess that to be the Something Hunt, the local hunt to whose members he **has** possibly **given** some surgical assistance, and which **has made** him a small presentation in return."
"Really, Watson, you excel yourself," said Holmes, pushing back his chair and lighting a cigarette. "I am bound to say that in all the accounts which you **have been** so good as to give of my own small achievements you **have** habitually **underrated** your own abilities. It may be that you are not yourself luminous, but you are a conductor of light. Some people without possessing genius have a remarkable power of stimulating it. I confess, my dear fellow, that I am very much in your debt."
He **had** never **said** as much before, and I must admit that his words gave me keen pleasure, for I **had** often **been** piqued by his indifference to my admiration and to the attempts which I **had made** to give publicity to his methods. I was proud, too, to think that I **had** so far **mastered** his system as to apply it in a way which earned his approval. He now took the stick from my hands and examined it for a few minutes with his naked eyes. Then with an expression of interest he laid down his cigarette, and carrying the cane to the window, he looked over it again with a convex lens.

On remarque bien ici que le *present perfect* est employé par Watson pour ses déductions sur le Docteur Mortimer (lien, bilan avec le présent), alors que le *past perfect* est employé dans la narration, pour faire référence à ce qui s'était passé avant ce moment du récit dans l'expérience de Watson et Holmes.

9 L'expression de l'avenir

1 Les modaux *will* et *shall*

■ **Formes :** *will / shall (+ not)* + V

*I **won't** (= will not) go.*
***Shall** I close the door? They **will** be cold if I don't.*

■ *Will* et *shall* sont des modaux. À l'expression de l'avenir s'ajoutent donc souvent des nuances telles que la volonté, l'ordre, la menace.

- *Will* → volonté
  I won't go. Je n'irai pas [car je ne veux pas y aller].
- *Shall* → détermination, menace, ordre (contexte littéraire)
  You shan't disobey. Tu ne désobéiras pas ! [Sinon gare à toi !]

➲ Même si *will* peut avoir une nuance de volonté, le verbe « vouloir » se traduit par *want to* + V.

■ ***'ll*** est à la fois la contraction de *will* et de *shall*. Il s'emploie de plus en plus souvent pour exprimer simplement le futur.

➲ *Will* n'est **jamais** contracté lorsqu'il est dans une question ou employé seul, dans un *tag* par exemple.
***Will** John be there? Yes, he **will**.* John sera là ? Oui.

■ *Will* et *shall* peuvent être accompagnés…

- De *be* + V-*ing* pour indiquer que l'action à venir sera encore en cours de déroulement, ou pour insister sur sa durée.
  *I **will be basking in the sun** on the beach at this time next week.*
  La semaine prochaine à la même heure, je serai en train de lézarder au soleil sur la plage.
- De *have* + participe passé pour indiquer que l'action sera terminée.
  *I **will have finished** at 8 o'clock, I hope.*
  J'aurai terminé à 8 heures, j'espère.

2 Autres structures

- **Présent simple** → Information **brute**, factuelle, sans commentaire.

  *That's true, I **go** to Japan next Summer.*
  C'est vrai, je vais au Japon l'été prochain !

- **Présent en *be* + V-*ing*** → L'événement à venir est tellement **certain** que c'est comme s'il se produisait déjà.

  *"I can't look after Rex next week. I **am leaving** tomorrow you know."*
  Je ne peux pas m'occuper de Rex la semaine prochaine. Tu sais bien que je pars demain.

- ***Be going to*** + V → L'événement à venir, souvent associé à une **intention**, découle logiquement des circonstances.

  *They **are going to visit** Temple Bar once they are in Dublin.*
  Ils vont visiter / Ils ont l'intention de visiter le quartier de Temple Bar quand ils seront à Dublin.

- ***Be about to*** + V → Événement **imminent**, sur le point de se produire.

  *He **is about to tell** the whole truth.*
  Il est sur le point de dire toute la vérité.

- ***Be to*** + V → Événement **planifié**, organisé (un des sens de « devoir » en français). Contrairement à *be* + V-*ing*, *be to* + V réfère à un événement prévu, plus contraignant, qui peut être imposé au sujet.

  *The Prime Minister **is to meet** his Russian counterpart next Thursday.*
  Le Premier Ministre doit rencontrer son homologue russe jeudi prochain.

3 L'expression de l'avenir dans un récit au passé

Would + V (*would* est le prétérit de *will*) s'emploie pour parler, à l'intérieur d'un cadre passé, d'une action envisagée dans l'avenir. En français, on utilise le conditionnel.

He said *he **would try** to talk to his father.* NOW
Il a dit qu'il essaierait de parler à son père.

4 Futur en français / présent en anglais

■ Après les subordonnants de temps *when, as soon as, until* et *once*, l'anglais utilise le **présent** (ou le *present perfect*) quand le français utilise le futur.

I will go to that club when they ***invite*** *me.*
J'irai à ce club quand ils m'**inviteront**.
As soon as ***I've got*** *my driving licence, I will buy my own car.*
Dès que j'**aurai obtenu** mon permis de conduire, je m'achèterai une voiture.

■ Quand *when* est pronom relatif ou interrogatif, *will* est possible.

When will he make up his mind?
Quand prendra-t-il sa décision ? [interrogation directe]
I don't know when they will arrive.
Je ne sais pas quand ils vont arriver. [interrogation indirecte]

■ De même, après ces conjonctions, l'anglais utilise le prétérit quand le français utilise le conditionnel.

I always thought that I would become a doctor when I ***grew up****.*
J'ai toujours pensé que je deviendrais médecin quand je **serais** adulte.

Des mots à connaître pour faire les exercices

aim to + V / at + V-ing : viser à faire qqch.
at last : enfin
at least : au moins
consider : envisager
count / rely on sb : compter sur qqn
expect : (s')attendre (à)
the future : l'avenir
give up : abandonner
a goal : un but
hope : espérer
intend to : avoir l'intention de
a prospect : une perspective
a schedule : un emploi du temps (organisation)
the timetable : l'emploi du temps (scolaire)
want to + V : vouloir + infinitif

Exercices d'application

1 Mettez le verbe entre parenthèses à la forme qui convient afin de composer une phrase correcte au futur puis traduisez.

▸ corrigé p. 73

1. They .... (see) their grand-parents when they .... (come) back from Ireland.
2. When .... (you / tell) them the truth?
3. She .... (do) her homework once they .... (leave).
4. She doesn't know when Tom .... (bring) the CD she wants.
5. He .... (phone) her as soon as he .... (get) back home.

2 Complétez avec *'ll* quand c'est possible, ou avec *will, won't, would* ou *wouldn't*.

▸ corrigé p. 73

1. "......... Tom bring me back home?" "I hope he ....!"
2. I didn't say I .... go to the party, I only said I .... probably be late!
3. "Mum, I don't want to go to the supermarket with you!" "Tom, you .... go with me, or else...!"
4. One day, I .... have a big red car and a large house in the country.

3 Choisissez parmi les valeurs de futur proposées, puis traduisez.

▸ corrigé p. 73

1. Je suis sur le point d'abandonner.

☐ Information factuelle
☐ Événement imminent
☐ Événement planifié

2. Je ne peux pas venir, je dois aller à Londres demain pour voir ma tante, elle a besoin de moi.

☐ Événement organisé, contraignant
☐ Intention
☐ Événement imminent

3. Il visite une nouvelle maison demain.
- [ ] Intention
- [ ] Information factuelle
- [ ] Événement imminent

4. As-tu l'intention de leur demander de venir aussi ?
- [ ] Événement à venir quasi certain
- [ ] Événement organisé, contraignant
- [ ] Intention

4 Traduisez les phrases suivantes.

corrigé p. 73

1. Je viendrai quand je pourrai.
2. Une fois que tu seras à Édinbourg, téléphone-moi !
3. Je partirai dès que j'aurai fini.
4. Elle a dit qu'elle appellerait dès qu'elle arriverait en ville.
5. Quand iras-tu à Camden Town ?

1 1. They **will see** their grand-parents when they **come** back from Ireland.
Ils verront leurs grands-parents quand ils reviendront d'Irlande.
2. When **will you tell** them the truth?
Quand leur diras-tu la vérité ?
3. She **will do** her homework once they **have left.**
Elle fera ses devoirs une fois qu'ils seront partis.
4. She doesn't know when Tom **will bring** the CD she wants.
Elle ne sait pas quand Tom apportera le CD qu'elle veut.
5. He **will phone** her as soon as he **gets** back home.
Il lui téléphonera dès qu'il sera rentré à la maison.

2 1. will – will
2. wouldn't – would (= 'd)
3. 'll
4. 'll (*ou* will)

3 1. I **am about to abandon** / give up. (événement imminent)
2. I can't come, I **am to go** to London tomorrow, (in order) to see my aunt, she needs me. (événement organisé, contraignant)
3. He **visits** a new house tomorrow. (information factuelle)
4. **Are you going to ask** them to come as well? (intention)

4 1. I will come when I can.
2. Once you are in Edinburgh, phone / call me!
3. I will / 'll leave as soon as I have finished. (N'oubliez pas la forme en *have* + participe passé).
4. She said she would call / phone as soon as she arrived in town (came into town).
5. When will you go to Camden Town?

10 La modalité

1 Définitions

■ Les modaux indiquent la manière dont le locuteur considère l'action dont il parle. Il peut la juger **possible ou impossible, autorisée ou interdite, obligatoire, certaine ou incertaine…**

■ Sont des modaux : *can, could, shall, should, will, would, must, may* et *might.*

- Forme affirmative : modal + V
  He must work. Il faut qu'il travaille.
- Forme négative : modal + *not* + V
  You might not find it. Il se pourrait que tu ne le trouves pas.
- Forme interrogative : modal + sujet + V
  Can he come? Il peut venir ?

■ Les modaux sont invariables. Ils ne prennent pas le ***-s*** de la 3e personne du singulier !

> ➲ *Need* peut s'employer comme un verbe ordinaire mais aussi comme un modal à la forme négative.
> *You need**n't** worry. / You **don't need** to worry.*
> Inutile de t'inquiéter.
> *She need**n't** worry. / She **doesn't need** to worry.*
> Elle n'a pas besoin de s'inquiéter.

■ La modalité peut aussi être exprimée grâce à des **formes verbales ordinaires.**

*You **are** not **allowed** to say a word.*
Vous n'avez pas le droit de dire le moindre mot.

Elles sont particulièrement utiles là où le modal n'a pas de forme correspondante, par exemple pour exprimer l'avenir.

2 La capacité

	capacité	incapacité
modal au présent	***can*** *I can swim very well.* Je sais très bien nager.	***cannot = can't*** *Can't you say something?* Tu n'as vraiment rien à dire ?
modal au passé	***could*** *I could go climbing if I had my boots.* Je pourrais faire de la randonnée en montagne si j'avais mes chaussures. [conditionnel] *In the past, I could run much faster.* Avant, je pouvais courir bien plus vite. [capacité passée]	***could not = couldn't*** *I couldn't drive so fast.* Je ne pourrais pas conduire aussi vite. [conditionnel] *I couldn't see anything.* Je n'ai rien pu voir. [incapacité passée]
équivalents	***be able to + V*** *He was utterly unable to say who was who.* Il était totalement incapable de dire qui était qui.	***be unable to + V / not be able to + V*** *I'm sure he won't be able to break the record.* Je suis sûre qu'il ne réussira pas à battre le record.

➲ Distinguez la capacité de la permission, toutes deux exprimées en français par le verbe « pouvoir ».

*I **can** run one mile in less than ten minutes.*
Je peux courir un kilomètre et demi en moins de dix minutes. [capacité]
*She **can** smoke if she wants to.*
Elle peut fumer si elle veut. [permission]

- On utilise *can* pour parler de ce que l'on sait faire.

I can speak Chinese.
Je sais parler le chinois.

- *Can* est aussi très souvent employé avec les verbes de perception.

I can hear / see you.
Je t'entends. / Je te vois.

3 La permission

	permission	interdiction
modal au présent	***can*** *Can I come with you?* Je peux venir avec toi ? ***may*** *May I open the window?* Puis-je ouvrir la fenêtre ? [l'autorisation dépend du locuteur]	***cannot = can't*** *Sorry, you can't smoke here.* Désolé, on ne fume pas ici. ***may not*** *You may not speak here.* Il est interdit de parler ici.
modal au passé	***could*** *I could do whatever I liked when I was a child.* Quand j'étais enfant, je pouvais faire tout ce que je voulais. [permission dans le passé] *Could I come with you?* Tu veux bien que je vienne avec toi ? / Je pourrais venir avec toi ? [demande polie]	***could not = couldn't*** *I couldn't smoke until I was 18.* Je n'ai pas eu le droit de fumer jusqu'à 18 ans. [interdiction dans le passé]
équivalents	***be allowed to*** + V *He was allowed to leave earlier when he worked in that firm.* Il avait le droit de partir plus tôt quand il travaillait dans cette entreprise.	***be forbidden to*** + V / ***not be allowed to*** + V *They will not be allowed to / will be forbidden to take their dog along with them when they fly to Japan.* Ils n'auront pas le droit de prendre leur chien avec eux quand ils iront au Japon en avion.

➲ Même si en français on les traduit souvent par « pouvoir », ces structures n'ont pas le même sens. Comparez.

- *You may stay.*

Tu peux rester.
[C'est moi qui t'y autorise.]

- *You can stay*. Tu peux rester.

[C'est possible si tu le souhaites.]

- *You are allowed to stay*. Tu peux rester.

[C'est autorisé par autrui, un règlement, par exemple.]

- *I could do whatever I liked*. Je pouvais faire tout ce que je voulais.

[C'était tout le temps comme ça.]

- *Yesterday I was allowed to go out*.

Hier, j'ai eu le droit de sortir. [Autorisation inhabituelle.]

➲ Deux auxiliaires de modalité ne peuvent pas se suivre. Avec ***will*** pour exprimer le futur, on doit avoir systématiquement recours aux formes verbales équivalentes pour exprimer la capacité : ***be (un)able to*** ou la permission : ***be allowed to*.**

Next year, she ***will be able to*** *get a job if she passes her exam*.

L'an prochain, elle pourra trouver un travail si elle réussit son examen.

[capacité]

When I am 15, I ***will be allowed to*** *go out on my own*.

Quand j'aurai 15 ans, je pourrai sortir seul.

[permission]

4 L'obligation

	obligation	absence d'obligation
modal	***must*** *She must leave London before 2 o'clock tomorrow.* Il faut qu'elle quitte Londres d'ici demain 2 heures.	***need not = needn't*** *You needn't worry.* Inutile de t'inquiéter.
équivalents	***have to + V*** ***have got to + V*** *She said she had to leave London immediately.* Elle a dit qu'elle devait quitter Londres immédiatement.	***not need to + V*** ***not have to + V*** *You don't have to stay if you don't want to.* Tu n'as pas besoin de rester, si tu ne veux pas.

➲ Il y a au présent une différence de sens entre *must* et *have to*. Comparez.

You must go. Tu dois partir. [C'est moi qui le veux.]

You have to go. Il faut que tu partes.

[C'est une autre personne, ou les circonstances, qui l'imposent.]

5 Le conseil

modal	***should (not)*** *You shouldn't listen to them.* Tu ne devrais pas les écouter.
formes verbales	***had better*** + **V** *You'd better forget it!* Tu ferais mieux d'oublier ça.

■ ***Ought (not) to*** + **V** peut aussi exprimer un conseil qui se réfère non pas au jugement personnel du locuteur mais aux conventions sociales.

You ought to apologise. Tu devrais t'excuser.
[Ça se fait quand on bouscule quelqu'un !]

■ ***Should*** + *have* + participe passé peut être employé pour exprimer un regret au passé.

I shouldn't have said that. Je n'aurais pas dû dire cela.

6 La probabilité

■ ***May, might*** permettent au locuteur de dire s'il considère une chose comme **plus ou moins certaine**.

She ***might*** *be in Paris, but honestly I don't think so.*
Elle est peut-être à Paris, mais honnêtement je ne crois pas.
[Faible probabilité.]
She ***may*** *be in Paris, it wouldn't be surprising.*
Peut-être est-elle à Paris, ce ne serait pas surprenant.
[Probabilité moyenne.]

■ D'autres modaux peuvent exprimer une plus ou moins grande certitude. Comparez.

Deux amis londoniens se demandent où est leur amie…

She ***can't*** *be in Paris, I've just seen her in London!*
Ce n'est pas possible qu'elle soit à Paris, je viens de la voir à Londres !
[Certitude négative.]

*She **could** be in Paris, she always spends her holidays abroad.*
Il se pourrait bien qu'elle soit à Paris, elle passe toutes ses vacances à l'étranger.
[Probabilité logique.]

*She **should** be in Paris by now, she left Heathrow an hour ago.*
Elle devrait être arrivée à Paris, elle a décollé de l'aéroport d'Heathrow il y a une heure.
[Déduction logique.]

*She **must** still be in Paris, she said she'd be back next week.*
Elle est sûrement encore à Paris, elle a dit qu'elle reviendrait la semaine prochaine.
[Quasi-certitude.]

■ **Modal + *be* + V-*ing*** exprime le degré de probabilité d'une **action en cours**.

*She **may be playing** the cello.*
Il se peut qu'elle soit en train de jouer du violoncelle.

■ **Modal + *have* + participe passé** exprime une **probabilité** portant sur un fait **passé**.

*She **can't have made** that mistake, she wasn't working the day it happened.*
Il est impossible qu'elle ait fait cette erreur, elle ne travaillait pas le jour où cela s'est produit.
[Certitude négative.]

*She **must have made** that mistake, it's so like her.*
C'est elle qui doit avoir commis cette erreur, ça lui ressemble tellement.
[Quasi-certitude.]

➲ Ne confondez pas *must have* + participe passé (probabilité portant sur un fait passé) et *had to* + V (obligation passée). Comparez.
*He **had to** go.* Il a dû partir.
[obligation passée]
*He **must have gone**.* Il est certainement parti.
[degré de probabilité]

Des mots à connaître pour faire les exercices

advice : des conseils
advise : conseiller
be likely : être vraisemblable
believe : croire
a choice : un choix
compulsory : obligatoire
a desk : un bureau (meuble)
disappointed : déçu
infer : déduire
the law : la loi
lucky : chanceux
a mistake : une erreur
an office : un bureau (lieu de travail)
optional : optionnel
rules : des règles
a study : un bureau (pièce)
wonder : se demander

Exercices d'application

1 Cochez la case correspondant à la modalité exprimée dans les phrases suivantes.

corrigé p. 83

1. He can run much faster.
☐ Permission ☐ Capacité ☐ Obligation
2. You may come if you like.
☐ Permission ☐ Probabilité ☐ Obligation
3. They may have finished by now.
☐ Permission ☐ Probabilité ☐ Obligation
4. You must forget what she said.
☐ Permission ☐ Probabilité ☐ Obligation
5. She must have arrived, she left an hour ago.
☐ Probabilité ☐ Capacité ☐ Obligation

2 Identifiez la modalité exprimée par le modal en gras, puis complétez ces phrases en fonction du contexte.

Exemple : *You **may** go out. But you're lucky: when I was young, I .... go out at night.*

Permission → *You may go out. But you're lucky: when I was young, I **wasn't allowed to / couldn't** / go out at night.*

corrigé p. 83

1. I **can** swim for one hour now, but when I was younger, I .... swim for so long.
2. She **can't** smoke here, but if she goes out of the office, she .... smoke if she wants to.
3. He **must** do his homework, but there's nothing new about that: even last year, he .... do his homework!
4. They **must** do what they are told, but when they are older, they .... obey orders like that.
5. I **needn't** go to work, now that I have retired, but in the past, believe me, I .... work very hard!

3 Identifiez le degré de certitude exprimé, choisissez le modal qui convient en soulignant l'élément de la phrase qui justifie votre choix, puis traduisez.

▸ corrigé p. 83

1. Elle doit être déçue.
2. Il se peut qu'il vienne, mais ce n'est pas sûr.
3. Il est impossible qu'il soit là. (Il a téléphoné de Boston il y a deux heures.)
4. Peut-être qu'il aime le chocolat.

4 Modal + *have* + participe passé ou modal + *be* + V-*ing*? Complétez avec la forme qui convient.

▸ corrigé p. 83

1. He said he would be back at 8. It's 9, he isn't back home yet. I wonder what he .... (do).
2. "I told him I didn't want him to come." "You .... (say) that! That's stupid!"
3. "Why does Lucy look so sad today?" "She .... (realise) that Tom would never come back."
4. "What is Phil doing?" "I don't know, but as his mother asked him to tidy his bedroom, that is what he .... (do)."

1 1. Capacité → He can run much faster.
2. Permission → You may come if you like.
3. Probabilité → They may have finished by now.
4. Obligation → You must forget what she said.
5. Probabilité → She must have arrived, she left an hour ago.

2 1. I can [**capacité**] swim for one hour now, but when I was younger, I **couldn't / wasn't able to** swim for so long.
2. She can't [**interdiction**] smoke here now, but if she goes out of the office, she **will be allowed to** smoke (*but* indique un contraste) if she wants to.
3. He must [**obligation**] do his homework, but there's nothing new about that: even last year, he **had to** do his homework!
4. They must [**obligation**] do what they are told, but when they are older, they **will not have to** obey (*but* indique un contraste) orders like that.
5. I needn't [**absence d'obligation**] go to work, now that I have retired, but in the past, believe me, I **had to** work (*but* indique un contraste) very hard!

3 1. Elle doit être déçue. → Quasi-certitude → She **must** be disappointed.
2. Il se peut qu'il vienne, mais ce n'est pas sûr. → Probabilité faible → He **might** come.
3. Il est impossible qu'il soit là. → Impossibilité → He **can't** be there.
4. Peut-être qu'il aime le chocolat. → Probabilité moyenne → He **may** like chocolate.

4 1. He said he would be back at 8. It's 9, he hasn't come back home yet. I wonder what he **can be doing.**
2. "I told him I didn't want him to come." "You **can't have said** that! That's stupid!"
3. "Why does Lucy look so sad today?" "She **must have realised** that Tom would never come back."
4. "What is Phil doing?" "I don't know, but as his mother asked him to tidy his bedroom, that is what he **must be doing**."

11 Les auxiliaires de reprise *(tags)*

1 *Short answers* (réponses courtes)

■ **Formes** : *Yes,* + sujet + auxiliaire / *No,* + sujet + auxiliaire + *n't*

Have you repaired the car? Yes, I have. / No, I haven't.
Tu as réparé la voiture ? Oui. / Non.
Can I take my mobile phone along with me? Yes, you can. / No, you can't.
Je peux emporter mon téléphone portable avec moi ? Oui. / Non.

■ On utilise très fréquemment une reprise avec auxiliaire en anglais là où en français on se contente de répondre par « oui » ou par « non ».

➲ La réponse brève peut aussi être apportée à une question commençant par *who…?* Dans ce cas on accentue particulièrement le sujet.
*Who said that? **John** did.* Qui a dit ça ? (C'est) John.

2 *Tags* de surprise

■ **Formes** : auxiliaire (+ *n't*) + sujet + ?

"He is really nice." "Is he?"
« Il est vraiment sympa. – Tu trouves ? »

■ Si le *tag* sert à exprimer la surprise, l'intonation est montante.

"He was really cool." "Was he?" ↗
« Il a été super. – Ah bon ? » [Sous-entendu : je ne pensais pas ça de lui.]
"She loves gardening." "Does she?" ↗
« Elle aime jardiner. – Tiens ? »

■ Si le locuteur au contraire feint la surprise et exprime implicitement le scepticisme, l'intonation est descendante.

"He was really unpleasant." "Was he?" ↘
« Il a vraiment été désagréable. – Tiens, tiens… » [Sous-entendu : cela ne m'étonne pas de lui. C'est le contraire qui m'aurait étonné.]

*"She refus**ed** the compromise." "**Did** she?"* ↘
« Elle a refusé le compromis. – Tiens donc ! »

➲ L'auxiliaire n'apparaît pas forcément à la forme affirmative du présent ou du prétérit simples. Il faut utiliser l'auxiliaire de ces temps dans les réponses brèves.
*"They **work** together in a Chinese restaurant." "**Do** they?"*
« Ils travaillent ensemble dans un restaurant chinois. – Ah bon ? »
*"Suzanna **found** a stray cat in front of her house." "**Did** she?"*
« Suzanna a trouvé un chat errant devant sa maison. – C'est vrai ? »

3 *Question tags*

■ **Formes**

- Phrase affirmative + , + auxiliaire + *n't* + pronom sujet + ?
  *The MPs **passed** the law yesterday, **didn't they**?*
  Les députés ont voté la loi hier, non ?
- Phrase négative + , + auxiliaire + pronom sujet + ?
  *She **will not regret** it, **will she**?*
  Elle ne regrettera pas, hein ?

■ Ils servent à demander confirmation d'une information, essentiellement à l'oral. On les traduit souvent par « non ? », « hein ? », « pas vrai ? », « n'est-ce pas ? ».

- Si la demande de confirmation est réelle, que le locuteur ne sait pas si son information est exacte ou pas, **l'intonation est montante**.
  He is a nice guy, isn't he? ↗
  C'est un chic type, n'est-ce pas ?
  [Sous-entendu : j'aimerais bien que tu le confirmes.]
- Si la demande de confirmation n'est qu'une formalité, que le locuteur attend que son interlocuteur approuve sa déclaration, **l'intonation est descendante**.
  He is a nice guy, isn't he? ↘
  C'est un chic type, hein ?
  [Sous-entendu : je suis certain que tu es d'accord avec moi.]

■ Parfois à l'oral une partie de la phrase peut être omise ; elle apparaît alors dans le *tag*.

Better go and see, ***hadn't we****?*
[Sous-entendu : *We had better go and see...*]
On ferait mieux d'aller voir, hein?
Rather live abroad than stay with him, ***wouldn't you****?*
[Sous-entendu : *You would rather...*]
Tu préfèrerais vivre à l'étranger plutôt que rester avec lui, non ?

■ La forme impérative permet de formuler une suggestion, une invitation ou, avec une intonation descendante, un ordre.

- À la première personne du pluriel.
  Let's *do that,* ***shall we****?* Faisons comme ça, d'accord ?
- Aux autres personnes.
  Take this book, ***will you****?* Prends ce livre, tu veux ?
  Sit down, will you? Assis !

4 *So / Neither*

■ On utilise *so* et *neither* pour exprimer une concordance entre deux locuteurs.

- Phrase affirmative : *So* + auxiliaire + sujet.
  "Kate ***had learnt*** *the poem by heart." "****So had I****."*
  « Kate avait appris le poème par cœur. – Moi aussi. »
- Phrase négative : *Neither* + auxiliaire + sujet.
  "I ***don't like*** *him." "****Neither do I****." (= I don't either.)*
  « Je ne l'aime pas. – Moi non plus. »

■ Pour exprimer une divergence, on emploie simplement :
– le sujet + le verbe à la forme négative après une phrase affirmative ;
– le sujet + le verbe à la forme affirmative après une phrase négative.
Généralement, on accentue le sujet du *tag*.

"Kate ***was*** *very angry." "****I wasn't****."*
« Kate était très en colère. – Moi non. / Pas moi. »
"She ***didn't know*** *what to do." "****He did.****"*
« Elle ne savait pas quoi faire. – Lui si. »

5 Ellipse

■ En anglais, le sujet et l'auxiliaire suffisent souvent pour reprendre tout un énoncé.

"Has he finished his homework?" "I don't think ***he has****."*
« A-t-il fini ses devoirs ? – Je crois que non. »
[= *I don't think he has finished his homework.*]

■ Cette forme peut aussi être utilisée pour insister sur un fait.

"I don't think he is very clever." "He ***is****!"*
« Je ne pense pas qu'il soit très intelligent. – Mais si ! »
[Il l'est ! Vous vous trompez ! Sous-entendu : *He* **is** *very clever!*]

Des mots à connaître pour faire les exercices

amazement : la surprise
amazed / stunned : abasourdi
bitter : amer
bungee-jumping : le saut à l'élastique
a mobile / cell phone : un téléphone portable
make up : inventer
notice : remarquer
pride : la fierté
reckon : supposer
stare at sb : dévisager qqn
stress : accentuer
surprised : surpris

Exercices d'application

1 Répondez aux questions suivantes par une réponse brève en utilisant l'amorce.

corrigé p. 90

1. "Will you be there?" "No, I ...."
2. "Have Mr and Mrs Robinson finished?" "Yes, ..."
3. "Do you think he will like it?" "Yes, ..."
4. "Must I go with you?" "No, you ...."
5. "Have Tom and John finished reading the document I gave them yesterday?" "Well, Tom .... but John ...."

2 Complétez avec le *tag* qui convient.

corrigé p. 90

1. She worked hard, ... ?
2. They wouldn't be mean, ... ?
3. She used to work in that office, ... ?
4. She's got a black car, ... ?
5. There is nobody here, ... ?

3 Traduisez la phrase entre parenthèses en tenant compte de ce qui précède.

corrigé p. 90

1. I didn't understand why Tom said that. (Elle non plus) ....
2. He put the letters into the box. (Elle aussi) ....
3. They had to forget the idea. (Mrs Stevenson aussi) ....
4. I haven't done what you wanted me to. (Ma sœur si) ....
5. Aunt Janice has already tried bungee-jumping. (Pas moi) ....
6. They wouldn't exchange what they have. (Elle non plus) ....
7. I can ride a horse and swim in the sea. (Pas moi) ....

4 Complétez ce texte avec les *tags* qui conviennent, en soulignant quand c'est possible la partie du discours qu'ils reprennent.

▸ corrigé p. 90

A magic wardrobe

Dans cet extrait, Lucy apprend à ses frères et à sa sœur qu'elle a découvert un passage dans un monde imaginaire grâce à une armoire magique.

Lucy ran out of the empty room into the passage and found the other three.
"It's all right," she repeated, "I've come back."
"What on earth are you talking about, Lucy?" asked Susan.
"Why," said Lucy in amazement, "haven't you all been wondering where I was?"
"So you've been hiding, ...?" said Peter. "Poor old Lu, hiding and nobody noticed! You'll have to hide longer than that if you want people to start looking for you."
"But I've been away for hours and hours," said Lucy.
The others all stared at one another. [...]
"Don't be silly, Lucy," said Susan. "We've only just come out of that room a moment ago, and you were there then."
"She's not being silly at all," said Peter, "she's just making up a story for fun, ..., Lu? And why shouldn't she?"
"No, Peter, ...," she said. "It's – It's a magic wardrobe."

Narnia's Chronicles: The Lion, the Witch and the Wardrobe
by C. S. Lewis,

1 1. "Will you be there?" "No, I **won't.**"

2. "Have Mr and Mrs Robinson finished?" "Yes, **they have.**"

3. "Do you think he will like it?" "Yes, **I do.**" (La réponse porte sur la question *Do you think…*)

4. "Must I go with you?" "No, you **needn't.**" (La négation de l'obligation est l'absence d'obligation – voir page 77)

5. "Have Tom and John finished reading the document I gave them yesterday?" "Well, Tom **has (hasn't)** but John **hasn't (has).**"

2 1. She worked hard, **didn't she**?

2. They wouldn't be mean, **would they**?

3. She used to work in that office, **didn't she**? (*Used to* est un prétérit.)

4. She's got a black car, **hasn't she**? (*'s* est ici la contraction de l'auxiliaire *has*.)

5. There is nobody here, **is there**? (Attention, *nobody* donne un sens négatif à la phrase.)

3 1. I didn't understand why Tom said that. **Neither did she.**

2. He put the letters into the box. **So did she.** (Attention : *put* est ici un prétérit. S'il s'agissait d'un présent simple, il y aurait le -s de la 3e personne du singulier.)

3. They had to forget the idea. **So did Mrs Stevenson.** (*Have to* fonctionne comme un verbe ordinaire, il doit donc être repris par l'auxiliaire *do* ou *did* selon le temps – à distinguer de *have* auxiliaire, utilisé dans la construction du *present perfect* ou du *past perfect*.)

4. I haven't done what you wanted me to. **My sister has.**

5. Aunt Janice has already tried bungee-jumping. **I haven't.**

6. They wouldn't exchange what they have. **Neither would she.**

7. I can ride a horse and swim in the sea. **I can't.**

4 **A magic wardrobe**

Lucy ran out of the empty room into the passage and found the other three.
"It's all right," she repeated, "I've come back."
"What on earth are you talking about, Lucy?" asked Susan.
"Why," said Lucy in amazement, "haven't you all been wondering where I was?"
"So you've been hiding, **have you? / haven't you?**" said Peter. "Poor old Lu, hiding and nobody noticed! You'll have to hide longer than that if you want people to start looking for you."
"But I've been away for hours and hours," said Lucy.

The others all stared at one another. […]
"Don't be silly, Lucy," said Susan. "We've only just come out of that room a moment ago, and you were there then."
"She's not being silly at all," said Peter, "she's just making up a story for fun, **aren't you**, Lu? And why shouldn't she?"
"No, Peter, **I'm not** ," she said. "It's – It's a magic wardrobe."

- **have you?** (*Tag* affirmatif : le locuteur connaît la réponse.) ou **haven't you?** (Demande de confirmation.)
- **aren't you** (Ici, le locuteur s'adresse directement à Lucy, comme en témoigne le diminutif Lu en fin de phrase.)
- **I'm not** (Sous-entendu : *I'm not making up a story for fun.*)

12 L'ordre des mots dans la phrase simple

En anglais, l'ordre des mots dans la phrase est régi par un certain nombre de principes simples. Maîtriser ces principes, c'est vous assurer que vous avez atteint la **compétence minimale d'expression**, et que vous détenez les clés pour **comprendre l'essentiel d'un texte** ou des questions qui s'y rapportent.

1 Dans les phrases affirmatives et négatives

■ La plupart du temps, l'ordre des mots dans la **phrase affirmative** en anglais est simple : sujet + verbe + C.O.D. + autres compléments.

I	*didn't give*	*it*	*to him.*
sujet	verbe	C.O.D.	C.O.I.

Je ne le lui ai pas donné.
[En français, le pronom COD est avant le verbe.]

➲ Attention à ne pas séparer le verbe de son complément d'objet direct, comme cela arrive parfois en français.
Elle **a acheté**, pour son anniversaire, **un poste de télé**.
*For his birthday she **bought a TV set**. / She **bought a TV set** for his birthday.*

■ Les compléments circonstanciels se placent dans l'ordre : **manière - temps - lieu**.

She met him by chance yesterday in a pub.
Elle l'a rencontré par hasard hier dans un pub.

➲ L'adjectif qualificatif épithète précède directement le nom (voir page 23). On va du plus subjectif au plus objectif.
My aunt is a lovely tall brown-haired lady.
Ma tante est une dame brune, grande et adorable.

Il est invariable.
*These are lovel**y** dolls!*
Voici d'adorable**s** poupées !

■ La **place des adverbes** varie selon leur sens.

- **Adverbes de fréquence**

• Devant le verbe (sauf *be*) s'il n'y a pas d'auxiliaire.
*I **seldom / rarely** drink tea.*
Je bois rarement du thé.

• Après le premier ou l'unique auxiliaire.
*You should **never** have done that.*
Tu n'aurais jamais dû faire cela.

- **Adverbes de temps**

• En général, en fin de proposition.
*She usually arrives **late**.*
En général, elle arrive tard.

➲ *Just* se place après l'auxiliaire lorsqu'il signifie « venir de ».
*I have **just** finished.*
Je viens de terminer.

• Des adverbes comme *now, then, immediately, recently* n'ont pas de place fixe.
***Now**, I'm ready. = I'm ready **now**.*
*He **immediately** left the room. = He left the room **immediately**.*

- **Adverbes de manière**

• En fin de proposition à la voix active.
*She uttered the word **softly.***
Elle prononça le mot doucement.

• Après l'auxiliaire ou en fin de proposition à la voix passive.
*They were **politely** told to stop.*
On leur dit gentiment d'arrêter.
*The word was uttered **softly**.*
Le mot fut prononcé doucement.

■ Les **prépositions** introduisent un complément. Dans une phrase affirmative ou négative, elles se placent donc juste **après** le verbe et **avant** le complément.

*They were looking **for their schoolbags**.*
Ils cherchaient leur cartable.

*She told me **about it**.*
Elle m'en a parlé.
*Have you heard **from him** recently?*
Tu as eu de ses nouvelles récemment ?
*I have not heard **from him for ages**.*
Ça fait une éternité que je n'ai pas de ses nouvelles.

■ Les **particules adverbiales** modifient le sens du verbe, indépendamment de la présence éventuelle d'un complément.

*Go **away**!*
Va-t'en !

*Speak **up**!*
Parle plus fort !

■ Elles se placent soit après le complément d'objet s'il est court soit avant s'il est long.

*They **cut** his head **off**.*
Ils l'ont décapité.
*They **cut off** the head of the man who had reigned over England for more than three decades.* Ils ont décapité l'homme qui avait régné sur l'Angleterre durant plus de trois décennies.

Les deux sont possibles dans les autres cas.
*They **cut** King Charles I's head **off**. / They **cut off** King Charles I's head.*
Ils ont décapité le roi Charles Ier.

2 Dans les phrases interrogatives

■ Structure : (interrogatif en *wh- / how*) + auxiliaire (+ *not*) + sujet + verbe + complément + ?

interrogatif	auxiliaire	sujet	verbe	complément(s)
	Are	you	telling	the truth?
What	has	he	been doing?	
How	do	you	feel	about it?
Where	may	they	be going?	

➲ N'oubliez pas que l'auxiliaire se place **avant** le sujet. Sinon vous faites une erreur de grammaire de base, lourdement pénalisée en tant que telle.

➲ Si la phrase comporte une préposition introduisant un complément qui est le pronom interrogatif, la préposition est rejetée à la fin.

*Who did you say that **to**?*
À qui as-tu dit cela ?
*What were they looking **for**?*
Que cherchaient-ils ?

■ L'interrogatif *how* peut être suivi d'un adjectif ou d'un adverbe *(how far, how often…)*.

*How **good** are you at English?*
Quel est ton niveau en anglais ?
*How **fast** did he fly over the Channel?*
À quelle vitesse a-t-il survolé la Manche ?

Des mots à connaître pour faire les exercices

be through with sth : avoir terminé qqch
careful : soigneux
careless : négligé
the Channel : la Manche
cut in : interrompre
inherit : hériter
keep on + V-ing : continuer à faire
a legacy : un héritage
look after / take care of : s'occuper de
look at : regarder
look for / seek / search : chercher
no doubt : sans aucun doute
a team : une équipe
watch : regarder, surveiller

Exercices d'application

1 Remettez dans l'ordre les phrases simples du texte suivant pour en apprendre plus sur Hogmanay.

▸ corrigé p. 98

1. from – celebration – a – Hogmanay – is – the – inherited – Vikings
2. houses – Dec 31st – traditionally – Scots – on – the – their – clean
3. strangers – with – all – welcomed – kiss – are – midnight – a – after
4. fascinating – Hogmanay – is – cultural – legacy – of – part – Scotland's
5. woman – to – the – person – a – on – first – should – be – enter – the – Jan 1st – house – never

2 Construisez des phrases à partir des groupes de mots suivants.

▸ corrigé p. 98

1. to me / show / did / this / they / not
2. to Ireland / back / sent / they / him
3. after / who / look / did / sister / your / ?
4. the plane / off / taken / has / ?
5. so / why / not / you / before / say / did / ?
6. her / you / give / the computer / next week / will / ?
7. you / out / on / write / can / your notes / last week's lesson / ?

3 Dans les phrases suivantes, soulignez les particules adverbiales et entourez les prépositions et leur complément.

▸ corrigé p. 98

1. They are looking after the babies.
2. He was told off for being careless.
3. She cut in on our conversation as if I was invisible.
4. I'll stop at the baker's on my way home.
5. She'll keep on working until she is through with it.

4 Posez la question qui correspond à l'élément souligné.

▸ corrigé p. 98

1. She said it <u>abruptly</u>.
2. John told <u>Lucy</u> about it.

3. They have read *Charlie and the Chocolate Factory* <u>three times</u>.
4. I met my cousin <u>last week</u>.
5. She spent New Year's Eve with <u>her family</u>.
6. I have known him <u>for two years</u>.

5 Retrouvez les questions posées à Michael Owen pour obtenir les réponses en gras dans l'article de presse ci-dessous.

Exemple : *He is looking forward to* ***his first trip back to Anfield***...

→ *Michael Owen, what are you looking forward to?*

corrigé p. 98

Owen relishes Anfield[1] clash

Newcastle striker[2] Michael Owen will return to Anfield on Boxing Day[3] insisting he has no regrets about his move to Tyneside. [...]

He is looking forward to **his first trip back to Anfield**, but admits it will be strange to walk into the away dressing room and find his team on the receiving end of the Kop[4].

"Obviously when I knew I was coming back to the Premiership, you always think it will be strange to go back to your old club, and no doubt it will be when it comes," he said.

"I have a picture in my mind of what it will be like, but it will be **very exciting** seeing a lot of old friends. But we will cross that bridge when it comes.

I haven't really thought long and hard about it yet. It's a strange one. I **never** thought I'd ever leave Liverpool – I'd been there **since I was 11 years old** – so it will be strange, but as I say, we will cross that bridge when we come to it.

I've signed **a four-year contract**, as everyone knows. I wouldn't have signed a contract here if I didn't think it was a good place to be. I'm **very pleased** with my decision, I'm very pleased with how everything is going at Newcastle."

1. *The mythical Anfield Stadium is the home of the Liverpool football team.* •
2. *a striker* : un buteur • 3. *Boxing day : December 26th, a public holiday* •
4. *The Kop is the name of the stadium grandstand* (tribune).

1 1. Hogmanay is a celebration inherited from the Vikings.
2. On Dec 31st, the Scots traditionally clean their houses.
3. All strangers are welcome with a kiss after midnight.
4. Hogmanay is part of Scotland's fascinating cultural legacy.
5. The first person to enter the house on Jan 1st should never be a woman.

To know more about Hogmanay : http://www.edinburghshogmanay.org/

2 1. They did not show this to me.
2. They sent him back to Ireland.
3. Who did your sister look after?
4. Has the plane taken off?
5. Why didn't you say so before?
6. Will you give her the computer next week?
7. Can you write out your notes on last week's lesson?

(complément long → **après** la particule)

3 1. They are looking [after the babies].
2. He was told off [for being careless].
3. She cut in [on our conversation] as if I was invisible.
4. I'll stop [at the baker's] [on my way home].
5. She'll keep on working until she is through [with it].

4 1. How did she say it?
2. Who did John tell about it?
3. How many times have they read *Charlie and the Chocolate Factory*?
4. When did you meet your cousin?
5. Who did she spend New Year's Eve with?
6. How long have you known him?

5 **Owen relishes Anfield clash**

very exciting: How exciting / pleasant will it be seeing old friends? / What will it be like seeing old friends?

never: Did you ever think you would leave Liverpool?

since I was 11 years old: How long had you been there / in Liverpool? / Since when had you been there / in Liverpool?

a four-year contract: What have you signed?

very pleased: What do you think about your decision? / How do you feel about your decision?

(Ne pas demander ici *How are you?* qui signifie « Comment allez-vous ? »

To know more about Anfield Stadium: http://en.wikipedia.org/wiki/Anfield, http://www.thisisanfield.com/anfield/

To know more about Boxing day: http://en.wikipedia.org/wiki/Boxing_Day.

13 Les subordonnées en *that* • Les relatives

1 Généralités

■ Les **propositions subordonnées** introduites par la **conjonction *that*** complètent un **verbe**.

■ Les **relatives** complètent un **groupe nominal**, l'antécédent du relatif.

■ ***That*** peut être conjonction ou pronom relatif.

*I believe **that** all men are created equal.*
Je crois que tous les hommes naissent égaux.
[*that* conjonction : complète le verbe]

*I eventually found the book **that** I was looking for.*
J'ai fini par trouver le livre que je cherchais.
[*that* relatif : antécédent *the book*]

2 Les subordonnées en *that* / Ø

■ Certains verbes comme ***think, feel, believe*** introduisent des subordonnées en *that* ou Ø. Ces structures sont équivalentes, mais on utilise plutôt Ø à l'oral.

*I don't think **Ø** you should accept this.*
Je ne pense pas que tu devrais accepter.
*I am convinced **that** she didn't tell the truth about Laura.*
Je suis convaincu(e) qu'elle n'a pas dit la vérité au sujet de Laura.

■ « Que » conjonction ne se traduit pas systématiquement par *that* / Ø. C'est le cas notamment quand il fonctionne avec un comparatif ou une structure s'y apparentant.

Je préfère aller là-bas plutôt **que** de rester à la maison.
*I'd rather go there **than** stay at home.*

3 Les subordonnées relatives

Les propositions relatives complètent un nom. Elles sont introduites par un pronom relatif qui représente ce nom (**l'antécédent**) dans la relative.

A man is standing near the counter. I have already seen him.
Un homme est debout près du comptoir. Je l'ai déjà vu.
[deux propositions indépendantes]
*I have already seen the man **who** is standing near the counter.*
antécédent pronom relatif
proposition relative

Comment choisir le pronom relatif ?

En anglais, pour choisir le relatif, il faut savoir si l'antécédent est animé (humain, animal auquel on est attaché) ou inanimé (objet).

- **Antécédent animé**

pronom relatif sujet
who / that *I met a physiotherapist **who / that** had already worked for Manchester United.* J'ai rencontré un kinésithérapeute qui avait déjà travaillé pour Manchester United.
pronom relatif complément
who / ø / that / whom *The teacher **who / Ø / that / whom** I had last year has retired.* Le professeur que j'ai eu l'année dernière a pris sa retraite.

- **Antécédent inanimé**

pronom relatif sujet
which / that *Don't take the book **which / that** is on the shelf, it's mine.* Ne prends pas le livre qui est sur l'étagère, c'est le mien.
pronom relatif complément
which / ø / that *Here is a picture of the house **which / that / Ø** I have just bought.* Voici une photo de la maison que je viens d'acheter.

■ Le pronom relatif peut être **sujet ou complément** du verbe de la proposition subordonnée.

*A man **whom** I have already seen is standing near the counter.*
Un homme que j'ai déjà vu est debout près du comptoir.
[pronom relatif complément]

Lorsque le pronom relatif est complément d'un verbe prépositionnel (verbe + préposition), celle-ci est rejetée à la fin de la relative.
*I eventually found the book **which / that / Ø** I was looking **for**.*
J'ai fini par trouver le livre que je cherchais.

■ *Which* peut reprendre une proposition entière.

*He said that he was sorry**, which** really surprised me.*
Il a dit qu'il était désolé**, ce qui** m'a réellement surpris.
[Notez la présence de la virgule. Seul *which* est possible.]

■ « Ce qui », « ce que » peut aussi se traduire par *what.*

***What** counts is **what** I'm telling you.*
Ce qui compte, c'est **ce que** je suis en train de te dire.

■ Deux autres relatifs souvent oubliés : *when* et *where.*

*This is just the place **where** such a subject should be debated.*
C'est précisément le lieu où l'on doit débattre d'un tel sujet.
*I'll always remember the day **when** I met her.*
Je me souviendrai toujours du jour où je l'ai rencontrée.

■ **Propositions relatives déterminatives et non déterminatives**

• Une proposition **déterminative** donne une information essentielle sur le groupe nominal, elle ne peut être supprimée.
*The girls **who** couldn't work fast enough were fired.*
Les filles qui ne pouvaient pas travailler assez vite furent licenciées.
[Seules les filles qui n'étaient pas assez rapides furent licenciées.]

• Une proposition **non déterminative** (ou « appositive ») apporte une information non essentielle, placée entre virgules.
*The girls**, who** couldn't work fast enough**,** were fired.*
Les filles, qui ne pouvaient pas travailler assez vite, furent licenciées.
[C'est le cas de toutes les filles.]

➲ On ne peut pas employer *that* dans une relative non déterminative.
*The man, **who** was sleeping, didn't hear anything.*
L'homme, qui dormait, n'entendit rien.

4 La traduction de « dont »

■ Pour traduire « dont » quand il exprime la possession, on utilise ***whose***.

➲ Attention : l'objet « possédé » suit directement *whose*.
*This is the man **whose car** I drove yesterday.*
C'est l'homme **dont** j'ai conduit **la voiture** hier.
*I found a computer **whose screen** is larger than my TV set.*
J'ai trouvé un ordinateur **dont l'écran** est plus grand que ma télévision.

■ On peut aussi trouver (mais de moins en moins souvent) *of which* si l'antécédent est inanimé.

*I found a computer, **the screen of which** is larger than my TV set.*

■ « Dont » ne marque pas toujours la possession ! Il ne se traduit donc pas toujours par *whose* / *of which*.

Voici le monument **dont** je t'ai parlé.
*This is the monument **that / which / Ø** I told you **about**.*
[Je t'ai parlé d'un monument : parler à qqn de qqch. = *tell sb about sth*]

Des mots à connaître pour faire les exercices

believe : croire
convince : convaincre
design : dessiner, concevoir
eventually : finalement
laugh at : se moquer de
a masterpiece : un chef d'œuvre
matter : compter, importer
narrow : étroit
nowadays : actuellement
a quotation : une citation
reckon : croire, supposer
the shape : la forme
start from scratch : partir de zéro
a skyscraper : un gratte-ciel
the witch-hunt : la chasse aux sorcières

Exercices d'application

1 Dans les phrases suivantes, entourez le pronom relatif, soulignez son antécédent et dites s'il est animé ou inanimé.

corrigé p. 106

1. This is the sixth book I've written, which isn't bad for a guy who's only read two. (George Burns)
2. He who can, does. He who cannot, teaches. (George B. Shaw)
3. For every person who wants to teach there are approximately thirty people who don't want to learn – much. (W. C. Sellar and R. J. Yeatman)
4. Events in the past may be roughly divided into those which probably never happened and those which do not matter. (W. R. Inge)

2 Subordonnez une des deux propositions à l'autre.

corrigé p. 106

1. He'll be there. I believe that.
2. This play is about the witch-hunt in Salem. Arthur Miller wrote it.
3. He is reading a book of quotations. He found it in the library.
4. This man is brown-haired. I have already seen him.
5. I gave you a book yesterday. I bought it in this bookshop.

3 Traduisez les phrases suivantes.

corrigé p. 106

1. C'est ce que je t'ai dit hier.
2. Les événements dont je te parle sont mentionnés dans le journal.
3. Je connais des gens dont les parents sont partis de zéro.
4. C'est le film que je voulais voir.
5. C'est la personne dont tu t'es moquée.
6. J'ai vu un gratte-ciel qui a été conçu par Norman Foster.
7. L'église de St Martin in the Fields, que Christopher Wren a dessinée, est près de Trafalgar Square.

4 Complétez cet article sur *the Gherkin* (le Cornichon), un gratte-ciel londonien très controversé, avec le pronom relatif qui convient. Vous soulignerez son antécédent.

corrigé p. 107

A fine pickle[1]
Monday October 18, 2004

It's not really a gherkin. It's a pine cone, or perhaps a poplar[2]. Anyway, Norman Foster and Partners' Swiss Re building is, as well as defiantly modern, resonantly classical[3]. […] Laughed at when it was announced, instantly popular when (quickly) built, this is the first great skyscraper to be built in London.
[…] The gherkin, cone or conifer ……… expands as it rises, before narrowing again to a dome, does not have a single orthodox aspect. Its entire body curves[4] at every point. It glitters[5] and reflects all over, creating optical patterns[6] ……… change with distance, and with the times of day. It is a masterpiece ……… opens new possibilities for world architecture. And it's in London, a city ……… architectural history can best be described as sad. But then, architectural masterpieces are appearing all over the world nowadays.

1. *a pickle* : un cornichon au vinaigre / *be in a fine pickle* : être dans de beaux draps • 2. *a poplar* : un peuplier • 3. *resonantly* : profondément • 4. *curve* : (se) courber • 5. *glitter* : scintiller • 6. *pattern* : (ici) motif

1 1. This is the sixth book Ø I've written, which isn't bad for a guy who 's only read two.

Ø → the sixth book (inanimé) • which → This is the sixth book I've written (phrase entière – inanimé) • who → a guy (animé)

2. He who can, does. He who cannot, teaches.

who → he (animé)

3. For every person who wants to teach there are approximately thirty people who don't want to learn – much.

who → every person (animé) • who → thirty people (animé)

4. Events in the past may be roughly divided into those which probably never happened and those which do not matter.

which → those (inanimé : events)

Vous pouvez retrouver ces citations sur le site :
http://www.quotationspage. com/subjects/

2 1. I believe **that** / **Ø** he'll be there.

2. Arthur Miller wrote this play, **which** is about the witch-hunt in Salem.
This play, **which** Arthur Miller wrote, is about the witch-hunt in Salem.

3. He is reading a book of quotations **that / which / Ø** he found in the library.
In the library, he found a book of quotations **which / that** he is reading.

4. I have already seen this man **who / that** is brown-haired.
This man, **who / whom** I have already seen, is brown-haired.

5. I bought the book **which / that / Ø** I gave you yesterday in this bookshop.
Yesterday, I gave you a book **which / that / Ø** I bought in this bookshop.

3 1. It / This / That is **what** I told you yesterday.

2. The events **which / that / Ø** I am telling you about are mentioned in the paper.

3. I know people **whose** parents started from nothing / from scratch.

4. It / This / That is the film **which / that / Ø** I wanted to see.

5. It / This / That is the person **who / whom / that / Ø** you made fun of / laughed at.

6. I have seen a skyscraper **which / that** was designed by Norman Foster.

7. St Martin in the Fields, the church **which / that** C. Wren has designed, is near Trafalgar Square.

4 A fine pickle

It's not really a gherkin. It's a pine cone, or perhaps a poplar. Anyway, Norman Foster and Partners' Swiss Re building is, as well as defiantly modern, resonantly classical. [...] Laughed at when it was announced, instantly popular when (quickly) built, this is the first great skyscraper to be built in London.
[...] <u>The gherkin</u>, cone or conifer **that (which)** expands as it rises, before narrowing again to a dome, does not have a single orthodox aspect. Its entire body curves at every point. It glitters and reflects all over, creating <u>optical patterns</u> **that (which)** change with distance, and with the times of day. It is <u>a masterpiece</u> **that (which)** opens new possibilities for world architecture. And it's in London, <u>a city</u> **whose** architectural history can best be described as sad. But then, architectural masterpieces are appearing all over the world nowadays.

14 Les subordonnées circonstancielles

Une proposition subordonnée dépend d'une proposition principale. Une subordonnée circonstancielle donne des informations sur les circonstances de l'action exprimée dans la principale.

1 Temps

■ **Actions simultanées**

***When** he came in, he immediately noticed something was wrong.*
Quand il entra, il remarqua immédiatement que quelque chose n'allait pas.
***While** you were painting the wall, I managed to finish the tiling in the bathroom.*
Pendant que tu peignais le mur, j'ai réussi à finir le carrelage de la salle de bains.
*Just **as** they were finishing the last exercise, the bell rang.*
Au moment même où ils finissaient le dernier exercice, la cloche retentit.

■ **Actions consécutives**

*I had made my decision **before** you said that.*
J'avais pris ma décision **avant que** tu ne me dises ça.
*He decided to take a break **after** he had finished his job.*
Il décida de faire une pause **après** avoir fini son travail.

■ Un des événements est un **point de départ ou d'arrivée**.

***As soon as** he saw her, he remembered his youth.*
Dès qu'il la vit, il se rappela sa jeunesse.
*I will not see you again **once** I have left.*
Je ne te reverrai plus **une fois que** je serai parti.

*I haven't seen my uncle **since** I last went to Brighton.*
Je n'ai pas vu mon oncle **depuis** la dernière fois que je suis allée à Brighton.
*I won't move **until** the roads are cleared.*
Je ne bougerai pas **tant que** les routes seront bloquées.

- Action potentiellement **répétitive**

*You may come **whenever** you want.*
Tu peux venir **chaque fois que** tu le désireras / quand tu veux.

➲ N'oubliez pas que si la proposition principale est au futur, la proposition subordonnée de temps, elle, **reste au présent** contrairement au français (voir page 70).
*I will do it as soon as I **am allowed** to.*
Je le ferai dès que j'en **aurai** l'autorisation.

2 Lieu

*He is always **where** his sister is.*
Il est toujours **là où** est sa sœur.
*I will go **wherever** you go.*
J'irai (partout) **où** tu iras.

3 Cause

*She wants to study this possibility **because** she finds it interesting.*
Elle veut étudier cette éventualité **parce qu'**elle la trouve intéressante.
*I didn't know how to react, **as** I hadn't been told what was going on.*
Je ne savais pas comment réagir, **étant donné qu'**on ne m'avait rien dit de ce qui se passait.
***Since** you are here, maybe you can give me a hand.*
Puisque tu es ici, tu peux peut-être me donner un coup de main.

➲ Ne confondez pas *since* exprimant la cause et *since* marqueur de temps.
*John couldn't come with us to the ice rink, **since** he had already been invited to a party.*
John ne pouvait pas venir avec nous à la patinoire, **puisqu'**il avait déjà été invité à une fête.
*I haven't seen her **since** I moved to the suburbs.*
Je ne l'ai pas vue **depuis que** j'ai déménagé en banlieue.

4 Conséquence

- ***So (that)*** + proposition

  It was raining, ***so (that)*** *we eventually decided to stay indoors.*
  Il pleuvait, **de sorte que** nous avons fini par décider de rester à l'intérieur.

- ***So*** + adjectif + ***that*** + proposition

  He was ***so*** *clever* ***that*** *there was no way to trap him.*
  Il était si malin qu'il n'y avait aucun moyen de le piéger.

- ***Such*** + groupe nominal + ***that*** + proposition

  He is ***such*** *an original guy* ***that*** *everybody comes to like him.*
  C'est un gars si original que tout le monde en vient à l'aimer.

5 But

- Certains subordonnants (*so that, in order that...*) introduisent une proposition dont le verbe fonctionne avec un **modal** (*can, could, may, might, should* ou *would*).

  I asked her to join us ***so that*** *you* ***may*** *know what she thinks of it.*
  Je lui ai demandé de nous rejoindre **afin que** tu saches ce qu'elle en pense.

- D'autres, parce qu'ils expriment une visée, sont suivis d'une proposition infinitive.

  I have come ***to*** *apologise.*
  Je suis venu **pour** m'excuser.
  She didn't work that day ***in order to*** *get everything ready for the party.*
  Elle ne travailla pas ce jour-là, **afin de** tout préparer pour la fête.
  He switched the television on ***for*** *her* ***to watch*** *her favourite programme.*
  Il alluma la télévision **afin qu'**elle regarde son émission préférée.
  They invited her ***so as to*** *get a glimpse of her boyfriend.*
  Ils l'ont invitée **afin d'**apercevoir son petit ami.

➲ Une erreur commune est de traduire systématiquement « pour » par *for* et *for* par « pour ». Comparez :
*They struggled **to** survive.*
Ils luttèrent **pour** survivre. [but]

*They reproached her **for** not attending the wedding.* [cause]
Ils lui ont reproché **de** ne pas avoir assisté au mariage.

6 Concession

La concession est le fait d'envisager deux actions, a priori contradictoires, comme compatibles.

*She never takes time to see her relatives, **though / although** she loves her children and her grandchildren.*
Elle ne prend jamais le temps de voir sa famille bien qu'elle adore ses enfants et ses petits-enfants.
***Even if / Even though** you gave me this coat, I wouldn't take it! It's too ugly.*
Même si tu me le donnais, ce manteau, je n'en voudrais pas ! Il est trop laid !

➲ *Though* existe aussi en tant qu'adverbe. Il est alors placé en fin de proposition.
*I didn't think he would accept. He did, **though**.*
Je ne pensais pas qu'il accepterait. Pourtant il l'a fait.

7 Manière

- *As* + proposition

*I did **as** he told me.*
J'ai fait **comme** il m'a dit.

➲ Évitez à l'écrit ***like*** + proposition : il s'agit d'une tournure orale, employée surtout en anglais américain.
~~*Like*~~ *As I have just said…* Comme je viens de le dire…

- *As if / As though* + prétérit

*She behaves **as if / as though** they **were** not in the room.*
Elle se comporte **comme s'ils** n'étaient pas là.

Des mots à connaître pour faire les exercices

an area : un lieu / un coin
behave : se comporter
cheating : la triche / la fraude
compulsory : obligatoire
a diary : un journal intime
hardly : à peine
indoors (≠ outdoors) : à l'intérieur
notice : remarquer
provide : fournir
a record : un témoignage / une trace
sentence : condamner
spot : repérer
youth : la jeunesse

Exercices d'application

1 Reliez la proposition principale et la subordonnée circonstancielle avec un des subordonnants suivants :
while – so that – wherever – because – until – although – in order to.

▸ corrigé p. 115

1. The lions suddenly attacked the lion tamer *(le dompteur de lions)*… 2. He has never been abroad… 3. The architect designed two entrances for this theatre… 4. She worked hard… 5. He brings terror… 6. I have tidied my bedroom… 7. I didn't notice the footprints…	a. he goes. b. he has already had several opportunities. c. my brother pointed them out to me. d. he had whipped *(fouetter)* one of them. e. artists may go out unnoticed. f. find my diary. g. you were enjoying yourself.

2 Reliez les propositions en utilisant les subordonnants suivants :
even though – such… that – so as to – as soon as – since.

▸ corrigé p. 115

1. He usually tells the truth. But still, I don't believe him.
→ *I don't believe…*
2. Lucy came into the room. He immediately stopped doing his homework.
→ *He stopped…*
3. He is an idiot, so I think he is quite capable of doing that.
→ *He is…*
4. The teacher said the essay wasn't compulsory: so I haven't written it.
→ *I haven't written…*
5. I want to maintain the suspense. That's why I have decided not to reveal the end of the story.
→ *I have decided not to…*

3 Complétez le texte en choisissant parmi les subordonnants suivants :

to – *although* – *as* – *since* – *after* – *when* (deux fois) – *where.*

corrigé p. 115

Peru's new Machu Picchu

Peruvian and British explorers say they have discovered a lost Inca city on a peak in the Andes that was used as a place of resistance against Spanish conquerors.

They say the site, which was already known to local people, may provide an unparalleled record of Inca civilisation, …….. the area was hardly touched by conquistadors.

The ruins, about 40 kilometres (25 miles) from the Inca citadel of Machu Picchu, are in an area …….. an Inca army held out against the 16th Century invaders.

The expedition leader, British explorer Peter Frost, said the site was the biggest of its kind found ……… [another site was discovered in] 1964, and could have been occupied by the Incas …….. they took to the hills ……… the Spanish [had conquered the continent].

[…] "It's a jigsaw puzzle. What we're finding are more pieces …….. get a better sense of what was happening in that area," Mr Frost said.

[…] ……… Peter Frost first spotted it ………. he and a colleague were hiking on a nearby ridge[1] in 1999, its remote[2] location and tough terrain meant[3] it took them another two years to organise the first expedition.

From © *BBC News* at bbcnews.co.uk (adapted)

1. *a ridge* : une crête • 2. *remote* : distant, éloigné • 3. *mean* : impliquer

1 1. The lions suddenly attacked the lion tamer **because** he had whipped one of them. (d)
2. He has never been abroad, **although** he has already had several opportunities. (b)
3. The architect designed two entrances for this theatre **so that** artists may go out unnoticed. (e) (Remarquez la présence du modal.)
4. She worked hard **while** you were enjoying yourself. (g)
5. He brings terror **wherever** he goes. (a)
6. I have tidied my bedroom **in order to** find my diary. (f) (Remarquez la proposition infinitive.)
7. I didn't notice the footprints **until** my brother pointed them out to me. (c)

2 1. I don't believe him, **even though** he usually tells the truth.
2. He stopped doing his homework **as soon as** Lucy came into the room.
3. He is **such** an idiot **that** I think he is quite capable of (doing) that.
4. I haven't written the essay, **since** the teacher said it was not compulsory.
5. I have decided not to reveal the end of the story **so as to** maintain the suspense.

3 **Peru's new Machu Picchu**

Peruvian and British explorers say they have discovered a lost Inca city on a peak in the Andes that was used as a place of resistance against Spanish conquerors. They say the site, which was already known to local people, may provide an unparalleled record of Inca civilisation, **as** the area was hardly touched by conquistadors.

The ruins, about 40 kilometres (25 miles) from the Inca citadel of Machu Picchu, are in an area **where** an Inca army held out against the 16th Century invaders.

The expedition leader, British explorer Peter Frost, said the site was the biggest of its kind found **since** [another site was discovered in] 1964, and could have been occupied by the Incas **when** they took to the hills **after** the Spanish [had conquered the continent].

[...] "It's a jigsaw puzzle. What we're finding are more pieces **to** get a better sense of what was happening in that area," Mr Frost said.

[...] **Although** Peter Frost first spotted it **when** he and a colleague were hiking on a nearby ridge in 1999, its remote location and tough terrain meant it took them another two years to organise the first expedition.

15 L'expression de la condition

1 Subordonnants

- *If* est le subordonnant de condition le plus courant.

  If *I were you, I would accept this solution.*
  Si j'étais toi, j'accepterais cette solution.

- ***Unless*** a un sens négatif (*if… not*).

  He will not come, ***unless*** *you invite him.*
  Il ne viendra pas, à moins que tu ne l'invites.
  [= *He will not come* ***if*** *you do****n't*** *invite him.*]

- ***Provided (that)*** et ***on condition (that)*** ont un sens exclusif (*if and only if*).

  The Prime Minister will attend the meeting ***provided that*** **/** ***on condition that*** *the U.N.O. issues a declaration to the press.*
  Le Premier Ministre assistera à la réunion à condition que l'ONU fasse une déclaration à la presse.

2 Emplois

- **La condition peut encore être réalisée**
→ ***if*** **+ présent /** ***will*** dans la principale.

  If he comes, she will certainly be very happy.
  S'il vient, elle sera sûrement très heureuse.

La principale peut aussi être à l'impératif.

  If he comes, tell him I'd like to have a word with him.
  S'il vient, dis-lui que j'aimerais lui dire un mot.

■ **La condition n'est pas réalisée dans le présent** (irréel du présent)
→ ***if* + prétérit / *would*** dans la principale.

He would be sorry if he knew how much he has hurt her.
Il serait désolé s'il savait combien il l'a blessée.

➲ Ce prétérit, dit « modal », qui ne réfère pas à une action passée mais à un irréel, est aussi utilisé pour exprimer le **souhait** après *if only, I wish, I'd rather...* (voir page 53).
*I wish he **was** there!*
J'aimerais qu'il soit là !
*I'd rather you **stopped** now.*
Je préférerais que tu arrêtes maintenant.

Dans ces phrases, on peut imaginer une suite au conditionnel.
*If only I **had** more time! I am sure my essay **would be** much better!*
Si seulement j'avais plus de temps ! Je suis sûr que ma dissertation serait bien meilleure !

➲ *Be* au prétérit se conjugue : *I was, you were, he was...* Mais on trouve souvent *were* au lieu de *was* après *I* ou *he / she* dans la structure *If I / he were you...* **et uniquement dans ce cas.**
***If I were you**, I would apologise.*
Si j'étais toi, je m'excuserais.

➲ Attention à ne pas confondre le futur et le conditionnel.
*I **will** be happy.* Je ser**ai** heureux. [futur]
*I **would** be happy.* Je ser**ais** heureux. [conditionnel]
Un moyen mnémotechnique : il y a plus de lettres dans « conditionnel » que dans « futur », dans « *would* » que dans « *will* », dans « serais » que dans « serai ».

■ **La condition ne s'est pas réalisée dans le passé**, il est trop tard
→ ***if* + *past perfect* / *would have* + participe passé** dans la principale.

If he had known, he wouldn't have gone there.
S'il avait su, il ne serait pas allé là-bas.

➲ Ce *past perfect*, dit « modal », qui réfère à un irréel et non à une action passée, est aussi utilisé pour exprimer le **regret** (voir page 61).
I wish she had forgotten me.
J'aurais préféré qu'elle m'oublie.
If only I had listened to them!
Si seulement je les avais écoutés !

Remarquez qu'en français aussi, on utilise dans ces cas un **temps composé** (avoir + participe passé).
I would ***have given*** *it back if he* ***had asked*** *me to.*
Je **l'aurais rendu** s'il me l'**avait demandé.**
If only you ***had worked*** *more!*
Si seulement tu **avais travaillé** davantage !

Mais **le calque n'est pas systématique**, notamment avec *I wish* et *I'd rather.*
I wish you ***had done*** *what I wanted you to.*
J'**aurais souhaité** que tu fasses ce que je t'ai demandé de faire.
I'd rather he ***had bought*** *a guitar.*
J'**aurais préféré** qu'il achète une guitare.

Des mots à connaître pour faire les exercices

abroad : à l'étranger
apologise : s'excuser
an appointment : un rendez-vous
disappointed : déçu
gloomy : lugubre
investigate : enquêter
no… more = not any more : ne… plus
a novel : un roman
propose to sb : demander qqn en mariage
provided (that) : à condition que
relatives : la famille
spend time + V-ing : passer du temps à faire qqch.
standard of living : train de vie
unless : à moins que

Exercices d'application

1 Reliez les deux phrases comme dans l'exemple.

▸ corrigé p. 121

Exemple : *He forgets everything. So she has to make lists of what not to forget.*
→ *If he didn't forget everything, she wouldn't have to make lists of what not to forget.*

He forgot the date. So he could not meet her.
→ *If he hadn't forgotten the date he would have been able to meet her.*

1. She isn't rich, so she can't buy a large house.
→ *If she was…*
2. They are working on a new project. They don't have enough time to spend with their family.
→ *If they…*
3. The President has an appointment with the British Prime Minister. So, he isn't in China right now.
→ *If the President…*
4. I didn't know him. So I didn't know what to tell him.
→ *If I…*
5. The immigrants first came to Ellis Island. So, they were accepted.
→ *If the immigrants…*

2 Traduisez les phrases suivantes.

▸ corrigé p. 121

1. Si tu vas à Londres, n'oublie pas de voir Tower Bridge.
2. Si tu pouvais oublier ça, j'apprécierais.
3. Si elle vivait à l'étranger, elle n'aurait pas le même train de vie.
4. Si tu avais regardé la télévision hier, tu saurais de quoi je parle.
5. Si John avait enquêté, il aurait découvert qui était le meurtrier.
6. S'ils lisaient ce roman, ils en sauraient plus sur la vie au Moyen Âge.

3 Faites correspondre le début et la fin de la phrase.

corrigé p. 121

1. It is too late! If only…
2. They wouldn't look so gloomy if…
3. I would have phoned him if…
4. If she saw what the village looks like…
5. I will be alone for Christmas. I wish…
6. If they had known…

a. she had told me he was so depressed.
b. I had my relatives around me like last year.
c. I had known what to do before!
d. she would certainly feel very disappointed.
e. they knew that they had won on the lottery.
f. they wouldn't have burst into the room.

4 Complétez ces trois textes en mettant les verbes entre parenthèses à la forme qui convient.

corrigé p. 121

1. Prince Charles is considering changing his name when he becomes King. If he ……… (keep) his first name Charles when he becomes a monarch, he ……… (become) known as Charles III, which people believe is jinxed *(porte la poisse)*. If he ……… (change) his name, he ……… (be known) as George VII.

2. "Laura… Paul has proposed to me. Do you think I should accept?" "I don't think he really loves you. If he really ……… (love) you, he ……… (not / kiss) that other girl you told me about. I don't think you should accept, unless you really ……… (trust) him." "If I ……… (not / trust) him, I ……… (not / be) with him any more." "Well, if I ……… (be) you, I ……… (refuse)."

3. Oh how I regret telling George he was nasty *(méchant)*! If I ……… (know), I ……… (never / say) that! Now he doesn't want to speak to me any more! He says he ……… (not / speak) to me any more unless I ……… (apologise).

1 1. If she **was** rich, she **would** certainly **be able to** buy a large house.
2. If they **weren't** working on a new project, they **would have** enough time to spend with their family.
3. If the President **didn't have** an appointment with the British Prime Minister, he **would be** in China right now.
4. If I **had known** him, I **would have known** what to tell him. (Notez le passage au *past perfect*, à partir de phrases au prétérit.)
5. If the immigrants **hadn't** first **come** to Ellis Island, they **would not have been accepted**.

2 1. If you go to London, don't forget to see Tower Bridge.
2. If you could forget that, I would appreciate it.
3. If she lived abroad, she wouldn't have the same standard of living.
4. If you had watched TV yesterday, you would know what I'm talking about. (Notez que la forme composée ne se retrouve pas systématiquement dans les deux propositions, comme en français du reste.)
5. If John had investigated, he would have discovered who the murderer was. (Pensez à rétablir l'ordre de la phrase affirmative : *the murderer was* et non l'inverse, voir page 133)
6. If they read this novel, they would know more about life during / in the Middle Ages.

3 1. It is too late! If only I had known what to do before! (c)
2. They wouldn't look so gloomy if they knew that they had won on the lottery. (e)
3. I would have phoned him if she had told me he was so depressed. (a)
4. If she saw what the village looks like, she would certainly feel very disappointed. (d)
5. I will be alone for Christmas. I wish I had my relatives around me like last year. (b)
6. If they had known, they wouldn't have burst into the room. (f)

4 1. Prince Charles is considering changing his name when he becomes King. If he **keeps** his first name Charles when he becomes a monarch, he **will become** known as Charles III, which people believe is jinxed. If he **changes** his name, he **will be known** as George VII.

Charles Ier fut exécuté en 1649 après une guerre civile qui l'opposa aux Puritains de Cromwell.

To know more about Charles I of England:

http://www.royal.gov.uk/HistoryoftheMonarchy/KingsandQueensoftheUnitedKingdom/TheStuarts/CharlesI.aspx

2. "Laura... Paul has proposed to me. Do you think I should accept?" "I don't think he really loves you. If he really **loved** you, he **wouldn't have kissed** (fait référence à un événement passé – *wouldn't kiss* signifierait qu'il a l'habitude de l'embrasser) that other girl you told me about. I don't think you should accept, unless you really **trust** him." "If I **didn't trust** him, I **wouldn't be** with him any more." "Well, if I **were** you, I **would refuse**."

3. Oh how I regret telling George he was nasty! If I **had known**, I **would never have said** that! Now he doesn't want to speak to me any more... He says he **won't speak** to me any more unless I **apologise**.

16 *To* + V, V-*ing* ou V ?

1 *To* + V

■ *To* + V (base verbale) exprime la **visée**, c'est-à-dire ce que l'on envisage de faire ou de voir se produire. On trouve donc *to* + V après des **verbes renvoyant à l'avenir**.

She ***expects*** *me* ***to stop*** *smoking.*
Elle attend de moi que j'arrête de fumer.
They ***intend to work*** *harder.*
Ils ont l'intention de travailler plus dur.
She doesn't ***want to forgive*** *him.*
Elle ne veut pas lui pardonner.

■ D'autres verbes se construisent avec *to* + V.

Remind *me* ***to post*** *the letter.*
Rappelle-moi de poster la lettre.
She ***helped*** *me* ***to make*** *the pudding.*
Elle m'a aidé à faire le pudding.
It ***enables*** *people* ***to survive.***
Cela permet aux gens de survivre.
He ***is allowed to come in.***
Il est autorisé à entrer.

■ ***Want, expect, ask, prefer*** et ***would like*** se construisent avec une **proposition infinitive** contrairement à leur équivalent français.

She wanted ***me to call*** *her husband first.*
Elle a voulu **que j'appelle** d'abord son mari.
I would like ***John and Sue to work*** *harder than they actually do.*
Je voudrais **que John et Sue travaillent** plus dur qu'ils ne le font en réalité.

2 La forme en V-*ing*

■ La forme en V-*ing* peut être un **gérondif** (ou nom verbal). Elle exprime plutôt un regard vers le **passé**.

Swimming *is a very relaxing sport.*
La natation est un sport très relaxant.
*I remember **visiting** this place.*
Je me souviens **d'avoir visité** cet endroit.

On trouve donc V-*ing* après les verbes exprimant un **goût** issu de l'expérience : ***love, hate, (not) mind, like, dislike***...

I dislike swimming.
Je n'aime pas la natation.
[Pour pouvoir dire que je n'aime pas la natation, il faut que je me réfère à une expérience passée.]

➲ Utilisez le gérondif (V-*ing*) chaque fois qu'il pourrait être remplacé par un **nom**.
I love chocolate.
J'adore le chocolat.
I love gardening.
J'adore le jardinage.
[Notez l'emploi d'un nom commun en français.]

■ Quand un verbe dépend d'une préposition, il est toujours à la forme en V-*ing*.

*He was accused **of** hold**ing** up the bank.*
On l'a accusé d'avoir dévalisé la banque.
*I feel **like** go**ing** to the concert tonight.*
J'ai envie d'aller au concert ce soir.

■ Le gérondif peut, comme un nom, être accompagné d'un adjectif et peut, comme un verbe, avoir un sujet et un complément.

*I am angry **at** your question**ing** my arguments.*
[adjectif : *your* devant *questioning* ; complément : *my arguments*]
*I am angry **at** you question**ing** my arguments.*
[sujet *you* devant *questioning* ; complément : *my arguments*]
Ça me met en colère que tu contestes mes arguments.

■ Certains verbes ou expressions se construisent le plus souvent avec **V-*ing***.

Stop *talk****ing****!*
Arrêtez de parler !
*She****'s*** *not* ***worth*** *cry****ing*** *for.*
Elle ne vaut pas la peine qu'on pleure sur elle.
You'd better ***avoid*** *mention****ing*** *this.*
Vous feriez mieux d'éviter d'en parler.
Have you ***finished*** *complain****ing****?*
As-tu fini de te plaindre ?
I ***spend*** *most of my time sleep****ing****.*
Je passe la plupart de mon temps à dormir.
Keep on *work****ing****.*
Continue à travailler.

■ V-*ing* peut aussi exprimer la cause.

Being *a specialist in dinosaurs, this paleontologist has delivered a lecture about the T-rex.* Étant spécialiste des dinosaures, ce paléontologue a donné une conférence sur le T-rex.

3 *To* + V ou V-*ing* ?

Parfois, les deux structures sont possibles, mais le sens est différent.

■ *Regret, remember* → **visée : *to* + V**
→ **fait passé : V-*ing***

I ***regret to say*** *this, but…*
Je regrette de dire cela mais…
[Regret portant sur ce qui va être prononcé dans l'avenir : visée.]

I ***regret telling*** *him he is a fraud.*
Je regrette de lui avoir dit qu'il était un imposteur.
[Regret portant sur un fait passé.]

■ Verbes de goûts → **fait plutôt ponctuel : *to* + V**
→ **généralité : V-*ing***

I hate ***to say*** *this, but I find his behaviour terribly disappointing.*
Je déteste dire ça, mais je trouve son comportement terriblement décevant.
I hate ***taking*** *the train.*
J'ai horreur de prendre le train.

4 V (base verbale sans *to*)

■ On trouve la base verbale (V) seule après certains verbes, comme ***let*** (laisser faire quelqu'un), ***make*** ou ***have*** dans le sens de « faire faire quelque chose » ou dans des expressions comme ***I'd rather***.

*I **made** her **copy** her vocabulary twice.*
Je lui ai fait copier son vocabulaire deux fois.
*She **had** them **tidy** their bedroom.*
Elle leur a fait ranger leur chambre.
*She **lets** him **do** what he wants.*
Elle le laisse faire ce qu'il veut.
***I'd rather go out** than hear that.*
Je préférerais partir plutôt que d'entendre ça.

■ On trouve après les verbes de perception **la base verbale** pour indiquer une action brève et **V-*ing*** pour insister sur le déroulement de l'action.

*I heard the bells **ringing**.*
J'ai entendu sonner les cloches. / J'ai entendu les cloches qui sonnaient.

*I heard the bell **ring**.*
J'ai entendu la cloche sonner.
[Sous-entendu : la cloche a sonné, je l'ai entendue.]

■ Les modaux sont suivis de la base verbale (voir page 74)… puisqu'ils sont auxiliaires.

*They **mustn't** worry.*
Il ne faut pas qu'ils s'inquiètent.

➲ Attention néanmoins à *ought **to*** + V.
*You **ought to** pay more attention to what your parents say.*
Tu devrais faire plus attention à ce que disent tes parents.

Des mots à connaître pour faire les exercices

avoid : éviter
be worth it : en valoir la peine
behave : se comporter
behaviour : comportement
blame : faire des reproches
expect : s'attendre à qqch.
feel like + V-ing : avoir envie de faire qqch.
hatred / hate : la haine
powerful : puissant
remain : rester
worry : s'inquiéter

Exercices d'application

1 Barrez la forme qui ne convient pas.

corrigé p. 129

1. He refused **obeying – to obey** the orders.
2. She clearly saw the door **burst – bursting** open.
3. They remember **taking – to take** the mail, but since then, nobody has seen it.
4. She wants John **see – to see** her tomorrow.
5. They might **forget – to forget** what it was about.
6. You'd better **avoid – to avoid / going – to go** there, you know.
7. I would like **attending – to attend** the meeting.

2 Mettez les verbes entre parenthèses à la forme qui convient.

corrigé p. 129

Poor Wilbur!

Dans cet extrait de Charlotte's Web, *le cochon Wilbur vient de s'enfuir de son enclos et de se faire attaquer par le cocker du fermier.*

Poor Wilbur was dazed and frightened by this hullabaloo. He didn't like .... (be) the centre of all this fuss. He tried .... (follow) the instructions his friends were giving him, but he couldn't .... (run) downhill and uphill at the same time, and he couldn't .... (turn) and .... (twist) when he was jumping and dancing, and he was crying so hard he could barely .... (see) anything that was happening. After all, Wilbur was a very young pig – not much more than a baby, really. He wished Fern were here .... (take) him in her arms and comfort him. When he looked up and saw Mr Zuckerman .... (stand) close to him, ... (hold) a pail of warm slops, he felt relieved.

E. B. White, *Charlotte's Web*,
First published by © Hamish Hamilton, 1952, reissued in Puffin Books, 2003, D.R.

1 1. He refused **to obey** the orders.
2. She clearly saw the door **burst** open. (intérêt porté à l'action plutôt qu'à son déroulement)
3. They remember **taking** the mail, but since then, nobody has seen it. (action passée)
4. She wants John **to see** her tomorrow. (proposition infinitive)
5. They might **forget** what it was about. (auxiliaire modal)
6. You'd better **avoid going** there, you know.
7. I would like **to attend** the meeting. (visée)

2 **Poor Wilbur!**

Poor Wilbur was dazed and frightened by this hullabaloo. He didn't like **being** the centre of all this fuss. He tried **to follow** the instructions his friends were giving him, but he couldn't **run** downhill and uphill at the same time, and he couldn't **turn** and **twist** when he was jumping and dancing, and he was crying so hard he could barely **see** anything that was happening. After all, Wilbur was a very young pig – not much more than a baby, really. He wished Fern were here **to take** him in her arms and comfort him. When he looked up and saw Mr Zuckerman **standing** close to him, **holding** a pail of warm slops, he felt relieved.

17 Le discours indirect ou rapporté

1 Généralités

■ Dans le **discours direct**, la ponctuation introduit les paroles telles qu'elles ont été prononcées.

• En français, on marque le changement d'interlocuteurs par un tiret.

« Eh bien, mon garçon, commença l'oncle Pumblechook dès qu'il se fut assis sur la chaise d'honneur devant le feu, comment t'en es-tu tiré à la ville ?
– Assez bien, Monsieur » répondis-je.

Charles Dickens, *De Grandes Espérances, Great Expectations,* 1860-61, traduction de Pierre Leyris, Livre de Poche classique.

• En anglais, on marque le changement d'interlocuteurs par des guillemets (*inverted commas*).

"What do you disapprove of, Mr Rivers?" I asked.
"You will not stay at Morton long: no, no!"

Charlotte Brontë, *Jane Eyre,* 1847, Penguin Classics.

■ Dans le **discours indirect (ou rapporté),** on rapporte des paroles prononcées.

At last she spoke to me. When she addressed the first words to me I was so confused that I did not know what to answer. She asked me was I going to Araby. I forget whether I answered yes or no. It would be a splendid bazaar, she said; she would love to go.

James Joyce, "Araby", in *Dubliners,* 1914, Penguin 20th century Classics.

➲ Le plus souvent, le passage au discours indirect implique une adaptation des temps (concordance).

2 Le discours indirect au passé

La concordance des temps

discours direct	discours indirect au passé
présent simple *"I **work** here."*	prétérit simple *He said he **worked** there.*
présent en *be* + V-*ing* *"I **am reading**."*	prétérit en *be* + V-*ing* *He told me he **was reading**.*
present perfect simple *"I **have finished**."*	*past perfect* simple *He said he **had finished**.*
present perfect en *be* + V-*ing* *"I **have been running**."*	*past perfect* en *be* + V-*ing* *He answered he **had been running**.*
prétérit simple *"I **saw** him."*	*past perfect* simple *He asserted he **had seen** him.*
prétérit en *be* + V-*ing* *"I **was gardening** at 8 o'clock."*	*past perfect* en *be* + V-*ing* *He said he **had been gardening** at 8 o'clock.*
past perfect simple / en *be* + V-*ing* *"I **had** never **seen** anything so beautiful!"*	*past perfect* simple / en *be* + V-*ing* *He said he **had** never **seen** anything so beautiful.*
will *"I **will** see her tomorrow."*	*would* *He replied he **would** see her the next day.*
can *"I **can't** stay."*	*could* *She said she **couldn't** stay.*
may (probabilité) *"She **may** be there."*	*might* *He said she **might** be there.*
must (obligation) *"You **must** come with me."*	*had to* *She told me I **had to** go with her.*

Cette règle accepte quelques variantes.

*Lucy said, "I **want** a laptop for Christmas."*
« Je veux un ordinateur portable pour Noël, » dit Lucie.
*Lucy told me she **wants** a laptop for Christmas.*
Lucie m'a dit qu'elle veut un ordinateur portable pour Noël.
[C'est toujours ce qu'elle veut au moment où l'on parle.]
*Lucy told me she **wanted** a laptop for Christmas.*
Lucie m'a dit qu'elle voulait un ordinateur portable pour Noël.
[C'est peut-être toujours ce qu'elle veut au moment où l'on parle.]

Les verbes introducteurs

He said (to me) (that)...
Il (m') a dit que...
He told me (that)...
Il m'a dit que...
He asked (me) if...
Il (m')a demandé si...
He answered / replied / retorted (that)...
Il répondit / répliqua / rétorqua que...
He claimed (that)...
Il déclara que...
He asserted (that)...
Il affirma que...

➲ On dit : *say* ***sth to sb*** mais *tell* ***sb sth***.

- ***You say something (to someone)***

He said no. / He said to me that he didn't know. / He said no to me.
Il m'a dit non. / Il m'a dit qu'il ne savait pas. / Il m'a dit non.

- ***You tell someone something***

She told me the truth. / She told me she couldn't come.
Elle m'a dit la vérité. / Elle m'a dit qu'elle ne pouvait pas venir.

■ Les **pronoms** et les **marqueurs de temps et de lieu** changent en fonction du locuteur.

- Les pronoms

*"**I** stopped wearing **this** sweater **last year**," John said.*
*John said **he** had stopped wearing **that** sweater **the year before**.*

- Les marqueurs de temps

Last... → *The previous... / The... before*
Next... → *The next / following...*

- Les marqueurs de lieu

This... → *That...*
Here → *There* si les paroles ne sont pas prononcées au même endroit.
*"There is nobody **here**," he answered.*
« Il n'y a personne ici, » répondit-il.
*He answered that there was nobody **there**.*
Il répondit qu'il n'y avait personne là-bas.

3 Les phrases interrogatives au discours indirect

■ Quand on rapporte une question, l'**ordre de la phrase affirmative** est rétabli dans la subordonnée, ce qui est normal puisqu'il ne s'agit plus d'une question.

■ **Mots introducteurs**

- *Wh- questions*

→ Le pronom interrogatif devient subordonnant.

"What	***did***	*you*	***bring?"***
pronom interrogatif	auxiliaire	sujet	verbe

Qu'as-tu apporté ?

She asked him what	*he*	***had***	***brought.***
subordonnant	sujet	auxiliaire	verbe

Elle lui a demandé ce qu'il avait apporté.

- *Yes / no questions*

→ Comme en français, on utilise un subordonnant : ***if / whether*** (si).

*"**Are***	*you*	***going*** *to New York next week?"*
auxiliaire	sujet	verbe

Vas-tu à New York la semaine prochaine ?

She asked me if / whether	*I*	***was***	***going*** *to New York the following week.*
subordonnant	sujet	auxiliaire	verbe

Elle m'a demandé si j'allais à New York la semaine suivante.

➲ On utilise *if ou whether* pour rapporter une question, mais seul ***if* est possible dans les hypothèses** (voir page 116).

4 Les phrases impératives au discours indirect

Quand on rapporte une phrase impérative, on emploie les verbes *tell / ask / beg / implore / order (+ not) + to* + V. Attention à la place de *not* **avant** *to*.

"Don't say anything about it!"
*He **told** them **not to** say anything about it.*

Des mots à connaître pour faire les exercices

answer : répondre
ask : demander
breath : le souffle, la respiration
a clue : un indice
remain : rester
reply : répliquer
retort : rétorquer
upset : renverser

Exercices d'application

1 Mettez ces phrases au discours indirect en utilisant l'amorce. Les paroles rapportées ont été prononcées il y a longtemps.

▸ corrigé p. 137

1. John: "I don't know why she still lives in Australia."
John said that…
2. Mrs Fink: "Why did you invite them?"
Mrs Fink asked her…
3. The Queen: "I will not tolerate this!"
The Queen asserted that…
4. Tim: "How much is this packet of cereal?"
Tim asked…
5. Miss Putnam: "Did you ever think of living abroad?"
Miss Putnam asked me…
6. Mrs Fink: "Have you finished cooking?"
Mrs Fink asked her husband…

2 Mettez au discours indirect la réplique de Sherlock Holmes. Vous veillerez à varier les verbes introducteurs…

▸ corrigé p. 137

Sherlock Holmes vient de découvrir pourquoi un patient de Watson a été agressé à Eyford, dans le Berkshire, par un soi-disant Colonel.

"Good Heavens!" cried my patient. "Then that explains what the girl said."
"Undoubtedly. It is quite clear that the Colonel was a cool and desperate man, who was absolutely determined that nothing should stand in the way of his little game, like those out-and-out[1] pirates who will leave no survivor from a captured ship. Well, every moment now is precious, so, if you feel equal to it[2], we shall go down to Scotland Yard at once as a preliminary to starting for[3] Eyford."

Sir Arthur Conan Doyle, "The Engineer's Thumb"
in *The Adventures of Sherlock Holmes*, 1892.

1. *out-and-out* : (ici) authentique • 2. *feel equal to sth* : se sentir capable de qqch. • 3. *start for* : prendre la direction de

My patient said (that) that explained...
Holmes retorted (that) it undoubtedly ...

3 Rapportez au passé cet échange entre Martin Savidge, un journaliste de CNN, et Gerald Strober, un biographe de la famille royale d'Angleterre.

corrigé p. 137

Diana's memory

Le sujet est le souvenir laissé par la princesse Diana.

M. Savidge: Gerald, is [Lady Diana's] memory still intact? [...]
G. Strober: Well, [...], the emotion has waned. There are some who are Diana diehards[1], who will to their last breath, remember her, love her, adore her. There are many people in the British establishment, many people who we interviewed, who were very upset with Diana for the feeling that she had tried to upset the royal apple cart[2] and embarrass the royal family and the palace and the Queen. So I think these feelings will go on into the indefinite future. And the camps will remain divided.

http://transcripts.cnn.com/TRANSCRIPTS/0208/31/cst.16.html August 31, 2002.

1. *diehard* : pur et dur • 2. *upset the (royal) apple cart* : semer le trouble

1 1. John said that **he didn't know why she still lived in Australia.**
2. Mrs Fink asked her **why she had invited them.**
3. The Queen asserted that **she would not tolerate this / that.**
4. Tim asked **how much that packet of cereal was.**
5. Miss Putnam asked me **if / whether I had ever thought of living abroad.**
6. Mrs Fink asked her husband **if / whether he had finished cooking.**

2 My patient said (that) that explained what the girl **had said**.
Holmes retorted (that) it undoubtedly **did** (*did* est l'auxiliaire de reprise de *explained*). He added (that) it **was** quite clear that the Colonel **had been** (*was* si c'est considéré comme un de ses traits de carctère) a cool and desperate man, who **had been** (**was**) absolutely determined that nothing **should** stand in the way of his little game, like those out-and-out pirates who **would** (*will* tout-à-fait possible si c'est considéré comme un de ses traits de carctère) leave no survivor from a captured ship. He asserted (that) every moment now **was** precious, and so, if **we** (the patient, Holmes and Watson) / **he** (the patient) **felt** equal to it, **we** (Holmes, Watson and the patient) **should** go down to Scotland Yard at once as the preliminary to starting for Eyford.

3 **Diana's memory**
Savidge asked Gerald Strober if Lady Diana's memory **was** still intact. Gerald answered (that) the emotion **had waned.** He said there **were** some who **were** Diana diehards, who **would** to their last breath remember her, love her, adore her. He added there **were** many people in the British establishment, many people who they **had interviewed,** who **had been** very upset with Diana for the feeling that she **had tried** to upset the royal apple cart and embarrass the royal family and the palace and the Queen. So he said he **thought** these feelings **would go** on into the indefinite future, and the camps **would remain** divided.

18 Le passif

■ Lorsque l'on utilise la voix **active**, on met en position de sujet celui qui agit.

Lee Harvey Oswald *assassinated John Kennedy in 1963.*
Lee Harvey Oswald a assassiné John Kennedy en 1963.

■ Lorsque l'on utilise la voix **passive**, c'est celui qui subit l'action qui est mis en valeur. Le complément d'agent (construit avec *by*) n'est pas toujours exprimé.

John Kennedy *was assassinated in 1963 (by Lee Harvey Oswald).*
John Kennedy a été assassiné en 1963 (par Lee Harvey Oswald).

1 Formation

■ On utilise ***be*** conjugué au **temps** voulu + le **participe passé** du verbe.

The job ***will be finished*** *in a minute.*
Le travail sera terminé dans une minute.
After the interruption, the topic of the lecture ***was*** *totally* ***forgotten****.*
Après cette interruption, le sujet de la conférence fut complètement oublié / on oublia complètement le sujet de la conférence.

■ À l'oral, *be* peut être remplacé par *get*. On insiste alors sur l'effet **imprévisible** de l'action.

He got killed in a car crash.
Il s'est tué dans un accident de voiture.

➲ Ne confondez pas !
- Prétérit simple actif → *-ed*

The whole village ***supported*** *them.*
Tout le village les a soutenus.
- Prétérit simple passif → *was / were* + participe passé

They ***were supported*** *by the whole village.*
Tout le village les a soutenus.

- Prétérit en *be* + V-*ing* passif → *was / were* + *being* + participe passé

*As tea **was being served**, Charlie decided to leave.*
Alors qu'on servait le thé, Charlie décida de s'en aller.

2 Le complément d'agent

■ Le complément d'agent, s'il est évident, inconnu ou peu important, peut être omis. Il équivaut souvent au français « **on...** » (voir page 167). C'est le cas notamment pour décrire une rumeur ou une nouvelle non confirmée.

*Children **should** always **be trusted.***
On devrait toujours faire confiance aux enfants.

■ Deux tournures équivalentes existent.

- *It* + (*be* conjugué) + *thought / said / believed / assumed... that* + proposition dont l'agent est sujet.

***It is thought that** Mr Johnson has cheated several times.*
On pense que M. Johnson a triché plusieurs fois.
***It was said that** she had a lover.*
On disait qu'elle avait un amant.

- Agent de l'action + (*be* conjugué) + *thought / said / believed / assumed... to* + V

*Mr Johnson **is thought to** have cheated several times.*
M. Johnson aurait triché plusieurs fois.
*She **is said to** have a lover.*
Elle aurait un amant.

3 Les verbes à double complément

■ Des verbes comme *give, tell, show, bring, offer, teach...* qui impliquent une relation d'une personne à une autre se construisent à la voix active avec deux compléments (direct et indirect).

*They brought **me** (COI) my favourite magazine (COD).*
Ils m'ont apporté mon magazine préféré.

- À la voix passive, on peut choisir de se focaliser sur l'objet (*my favourite magazine*).

  My favourite magazine ***was brought to*** ***me***.
  [Ajout de *to* obligatoire avant *me*.]

- Mais en anglais, on se focalise le plus souvent sur celui qui a reçu l'objet (***me***).

  I *was brought my favourite magazine*.

Cette tournure se traduit en général par « on… ».

4 Les verbes prépositionnels

La préposition doit impérativement être conservée au passif. Elle suit directement le verbe.

I hate ***being stared at****.*
Je déteste qu'on me dévisage.
The children ***were looked after*** *by the baby-sitter.*
La baby-sitter s'occupa des enfants.

Des mots à connaître pour faire les exercices

allow : permettre
a bridge : un pont
the cost : le coût
cross : traverser
design : concevoir
an engineer : un ingénieur
entertainment : divertissement(s)
host : accueillir, recevoir, organiser
obvious : évident
predict : annoncer
prevent from + V-ing : empêcher de faire qqch
purchase : acheter
a statement : une affirmation
the Thames : la Tamise
trust : faire confiance
unfortunately : malheureusement
the weight : le poids
worrying : inquiétant

Exercices d'application

1 Voici quelques phrases sur le Dôme du Millénaire à Londres. Reconstituez-les en mettant les groupes de mots dans l'ordre qui convient.

▸ corrigé p. 143

1. was / the world's biggest dome / at the end of the 20th century / built / on the Meridian Line in Greenwich
2. has / unfortunately / criticised / for political reasons / been / the Dome
3. be / today / hosted / can / in the Dome / some special events
4. the regeneration of Greenwich Peninsula / is / 24,000 jobs / create / expected / to
5. being / in Greenwich / a world-class entertainment arena / created / within the Dome / is

2 Dans ce texte qui concerne le Millennium Bridge, un nouveau pont sur la Tamise, soulignez les formes passives puis transposez au passif les phrases en gras.

▸ corrigé p. 143

THE MILLENNIUM BRIDGE

The Millennium Bridge opened on 10 June 2000 as London's first new Thames crossing in more than 100 years. £7m of its £18m cost came from the Millennium Commission.
The 320m-long structure was designed by the architect Sir Norman Foster with sculptor Sir Anthony Caro and engineers Arup. It was opened by The Queen.
The bridge uses "lateral suspension" – an engineering innovation that allows suspension bridges to be built without tall supporting columns. **The designers predicted it would be a "blade[1] of light" across the Thames**, "an absolute statement of our capabilities at the beginning of the 21st century". **Within days they closed it to the public**.

Tens of thousands of people crossed the bridge on its opening day. The structure was designed to take the weight but suddenly developed a very worrying and obvious wobble[2].
So what went wrong? And what have the engineers done to prevent the Millennium Bridge from becoming a millennium flop?

From © *BBC News* at bbcnews.co.uk

1. *a blade* : une lame • 2. *a wobble* : un vacillement

3 Transposez ces phrases au passif.

▸ corrigé p. 144

1. They didn't take care of the horses much.
2. Someone will bring you a cup of tea in a minute.
3. My husband has given me a lovely necklace.
4. Where did they take it to?
5. Will you buy the dailies from the newsagent?
6. You shouldn't underestimate the damage.
7. A young English woman taught me English.

1 **1.** The world's biggest dome was built on the Meridian Line in Greenwich at the end of the 20th century. (*ou* : at the end of the 20th century on the Meridian Line in Greenwich.)

2. Unfortunately the Dome has been criticised for political reasons.

3. Today, some special events can be hosted in the Dome.

4. The regeneration of Greenwich Peninsula is expected to create 24,000 jobs.

5. A world-class entertainment arena is being created within the Dome in Greenwich.

To know more about the Millennium Dome: http://wwp.millennium-dome.com/

2 **The Millennium Bridge**

The Millennium Bridge opened on 10 June 2000 as London's first new Thames crossing in more than 100 years. £7 m of its £18 m cost came from the Millennium Commission.

The 320m-long structure was designed by the architect Sir Norman Foster with sculptor Sir Anthony Caro and engineers Arup. It was opened by The Queen.

The bridge uses "lateral suspension" – an engineering innovation that allows suspension bridges to be built without tall supporting columns. The designers predicted it would be a "blade of light" across the Thames, "an absolute statement of our capabilities at the beginning of the 21st century". Within days they closed it to the public.

Tens of thousands of people crossed the bridge on its opening day. The structure was designed to take the weight but suddenly developed a very worrying and obvious wobble.

So what went wrong? And what have the engineers done to prevent the Millennium Bridge from becoming a millennium flop?

• *Lateral suspension is used in the bridge.*

Préposition *in* plutôt que *by* : ces suspensions ne sont pas utilisées par le pont à proprement parler. L'agent omis serait plutôt *by the engineers / the architects.*

• *It / The bridge was predicted (by the designers) to be a blade of light across the Thames. / It was predicted (by the designers) that it would be a blade of light across the Thames.*

• *Within days, it / the bridge was closed to the public (by the designers).*

• *The bridge was crossed by tens of thousands of people on its opening day.*

To know more about the Millennium Bridge: http://news.bbc.co.uk/hi/english/static/in_depth/uk/2000/millennium_bridge/default.stm

3 **1.** The horses were not much taken care of.
2. You will be brought a cup of tea in a minute. / A cup of tea will be brought to you in a minute.
3. I have been given a lovely necklace (by my husband). (*A lovely necklace has been given to me…*, bien que « techniquement » possible, serait lourd et peu conforme à la réalité : la personne qui reçoit le cadeau aura logiquement tendance à s'accorder plus d'importance qu'au cadeau lui-même…)
4. Where was it taken to?
5. Will the dailies be bought from the newsagent?
6. The damage shouldn't be underestimated.
7. I was taught English by a young English woman.

LES SAVOIR-FAIRE INDISPENSABLES

19 Utiliser le dictionnaire

Pendant l'année de Seconde, vous devrez utiliser le dictionnaire, à la fois pour comprendre les textes à étudier et pour rédiger vos devoirs d'expression écrite.

1 Comment chercher ?

Les abréviations

- Abréviations grammaticales : elles renseignent sur la catégorie grammaticale du mot.

ADJ : adjectif / *adjective*
AUX : auxiliaire / *auxiliary*
ADV : adverbe / *adverb*
CONJ : conjonction / *conjunction*
COMP : mot composé / *compound*
POSS : possessif / *possessive*
PRÉP / *PREP* : préposition / *preposition*
VI : verbe intransitif / *intransitive verb*
VPR : verbe pronominal / *pronominal verb*
VT : verbe transitif / *transitive verb*

➲ Verbe transitif (VT) = qui admet un complément d'objet.
I met <u>someone</u>.
J'ai rencontré quelqu'un.
Forget <u>it</u>!
Oublie ça !

➲ Verbe intransitif (VI) = qui n'admet pas de complément d'objet.
He ran quickly.
Il courut vite. [*Quickly* est adverbe.]

- Abréviations de domaines : elles renseignent sur le domaine lexical du mot.

Anat : anatomie / *anatomy*	Bio : biologie / *biology*
Géog / *Geog* : géographie / *geography*	Phys : physique / *physics*
Mus : musique / *music*	Tech : technique / *technical*

- Abréviations de niveaux de langue ou de dialecte

arg / *sl* : argot / *slang*	nég / *neg* : négatif / *negative*
Can : canadien / *Canadian*	péj / *pej* : péjoratif / *pejorative*
fam / *coll* : familier / *colloquial*	Scot : écossais / *Scottish*
hum : humoristique / *humorous*	

- Abréviations utilisées dans les structures

qqch. / *sth* : quelque chose / *something*
qqn / *sb* : quelqu'un / *somebody, someone*
o.s. : emploi réfléchi / *oneself*

Les entrées

- Les **entrées** (mots faisant l'objet d'un article) sont classées :
– par ordre alphabétique (*demagogy – demand – demanding*) ;
– puis par catégorie grammaticale, indiquée en général par un chiffre (1- VT, 2- N, 3- COMP) ;
– puis par domaine, indiqué généralement par une lettre (a- *Person,* b- *Comm, Econ,* c- *Med*).

- Vous devez suivre le même parcours quand vous cherchez un mot : une fois trouvée l'entrée (**attention à l'orthographe**), déterminez sa **catégorie grammaticale** (verbe, nom, adjectif…) et son **domaine** (en vous aidant du contexte), puis choisissez la traduction la plus adaptée.

Chercher une locution

Si vous devez traduire **une locution** (abréviation : loc), c'est-à-dire une expression toute faite, vous ne devez pas traduire chaque partie de la locution littéralement, mais rechercher la traduction de l'ensemble, en cherchant directement au mot clé.

➲ Dans les locutions, le mot est remplacé par un signe (–). N'hésitez pas à tout lire au cas où votre mot ferait partie d'une expression figée.
Exemple : si vous devez traduire : « Je suis dans le cirage. » (expression familière signifiant que l'on ne se sent pas bien, après une mauvaise nuit…), ne traduisez pas ~~*I am in the polish*~~!
Vous trouverez dans le dictionnaire : (*fig*) **être dans le –** *to be in a stupor*
→ *I am in a stupor.*

2 Exemples commentés

Exemple 1 : du français vers l'anglais

- Vous voulez traduire en anglais : « Je vous présente mes <u>excuses.</u> » Vous cherchez à « excuse », le mot lexical le plus fort de la phrase.
- Dans le dictionnaire bilingue *Robert & Collins*, vous trouvez :

> **excuse** /ɛkskyz/ GRAMMAIRE ACTIVE 45.1, 45.2 **NF** **a** *(= prétexte)* excuse ◆ **bonne/mauvaise ~** good/poor *ou* lame excuse ◆ **sans ~** inexcusable ◆ **il a pris pour ~ qu'il avait à travailler** he made *ou* gave the excuse that he had work to do, he used his work as an excuse ◆ **~s légales** *(Jur)* lawful *ou* legal excuses ◆ **la belle ~ !** *(iro)* that's a fine excuse! *(iro)*; → **mot** **b** ◆ **~s** *(= regrets)* apology ◆ **faire des ~s, présenter ses ~s** to apologize, to offer one's apologies (*à* to); ◆ **je vous dois des ~s** I owe you an apology ◆ **exiger des ~s** to demand an apology ◆ **mille ~s** do forgive me, I'm so sorry ◆ **faites ~** *(* ou hum)* excuse me, 'scuse me * **c** *(Tarot)* excuse

• Première étape : la seule catégorie grammaticale est **NF**, nom féminin, comme dans la phrase que vous avez à traduire. Pas de choix à opérer, donc.

• Deuxième étape : dans la phrase « Je vous présente mes excuses », « excuses » a-t-il le sens de **prétexte** (a) ou de **regret** (b) ? En déterminant son sens, vous déduirez qu'il faut chercher dans (b).

• Troisième étape : lisez toutes les propositions de (b), vous constaterez que l'expression est quasiment traduite. Reste à l'adapter à votre phrase : *apologise* + *to* + complément → *I apologise to you* ; *offer one's apologies* → *I offer you my apologies* (*one's* → *my*).

Exemple 2 : de l'anglais vers le français

- Vous voulez traduire en français cet extrait d'un article du *Chicago Sun Times*, et particulièrement *hedged*. Ces deux phrases concernent un employé interrogé dans une affaire judiciaire.

> *The clerk insisted once again that he was absent from work only during two vacation weeks in December and for a few sick days during the last year. He hedged only slightly when asked whether he had taken any additional time in the weeks before federal investigators lowered the boom.*
>
> http://www.suntimes.com/

- Vous ne trouvez pas *hedged*, mais vous trouvez *hedge*, dont il est dérivé. Sa position dans la phrase montre qu'il s'agit d'un verbe au prétérit.

hedge /hedʒ/ N **a** haie *f* ◆ **beech ~** haie *f* de hêtres

b *(fig)* ◆ **a ~ against inflation** une protection contre l'inflation

VI **a** *(= not be direct) (in answering)* se dérober ; *(in explaining, recounting etc)* expliquer *or* raconter *etc* avec des détours ◆ **don't ~** dis-le franchement ◆ **to ~ on a question/promise** éviter de répondre à une question/de s'engager

b *(= protect o.s.)* **to ~ against sth** se prémunir contre qch

VT **a** (also **hedge about, hedge in**) entourer d'une haie, enclore ◆ **~d (about** *or* **in) with difficulties** *(fig)* plein de difficultés ◆ **the offer was ~d around with conditions** l'offre était assortie d'une série de conditions

b *[+ bet, risk]* couvrir ◆ **to ~ one's bets** *(fig)* se couvrir *(fig)* ◆ **"I can't give you an answer now", he ~d** "je ne peux pas vous répondre maintenant", dit-il en se dérobant

c **to ~ the issue** esquiver la question

COMP ▷ **hedge clippers** NPL cisailles *fpl* à haie ▷ **hedge fund** N *(Fin)* hedge fund *m*, fonds *m* spéculatif ▷ **hedge trimmer** N taille-haie *m*

• Première étape : vous écartez automatiquement N (nom) et COMP (*compound* = noms composés) qui ne correspondent pas à la catégorie grammaticale attendue.

• Deuxième étape : vous écartez VT car *hedge* ici n'a pas de complément. Vous traduirez *He **hedged** only slightly* par : « C'est à peine s'il se déroba… »

Des mots à connaître pour faire les exercices

apologise : s'excuser
gaze : regarder (fixement)
God bless you : à vos souhaits
the meaning : la signification
meaningless : dénué de sens
misunderstand : mal comprendre
a mobile / cell phone : un téléphone mobile
oblivion : l'oubli
obvious : évident
sneeze : éternuer
a tyre : un pneu

Pour parler du langage

www.prepabac.com/media

Exercices d'application

1 Cherchez dans votre dictionnaire le mot souligné puis traduisez la phrase.

corrigé p. 153

1. After watching TV, we went out for a <u>blow</u>.
2. He sneezed, then <u>blew</u> his nose.
3. "What are you doing?" "I'm <u>blowing</u> the tyre up!"
4. When I left, she <u>blew</u> me a kiss.
5. The wind is <u>blowing</u> tonight!

2 Cherchez dans votre dictionnaire la traduction appropriée des mots français soulignés.

corrigé p. 153

1. C'est Manchester United <u>contre</u> Liverpool.
2. Tu m'échangerais ton téléphone mobile <u>contre</u> ça ?
3. Ils dansèrent joue <u>contre</u> joue.
4. Je ne suis pas <u>contre</u> le fait d'aller là-bas.
5. Quand je joue aux cartes, je <u>contre.</u>

3 Utilisez votre dictionnaire pour compléter les phrases suivantes avec la préposition ou la particule qui convient.

corrigé p. 153

1. He is / He's getting .... himself!
Il se prend pour plus important qu'il n'est !
2. Let's get it ....
Finissons-en !
3. They made ....
Ils se sont réconciliés.
4. I couldn't make .... where you were.
Je ne pouvais distinguer où tu étais.
5. It has passed .... oblivion.
C'est tombé dans l'oubli.
6. She passed ....
Elle tomba dans les pommes.

1 1. Après avoir regardé la télé, on est sortis prendre l'air. (locution)
2. Il éternua, puis se moucha. (locution)
3. « Qu'est-ce que tu fais ? » « Je gonfle le pneu ! »
4. Quand je suis parti, elle m'a envoyé un baiser.
5. Le vent souffle ce soir !

Vous remarquez l'intérêt :
– d'une part de déterminer la catégorie grammaticale du mot : verbe en 2, 4, 5, 6, nom en 1, 3 ;
– d'autre part de faire attention au contexte de la phrase : dans la 3, le verbe *sneeze* (éternuer) vous aiguille sur la piste du rhume… ;
Ne pensez pas que les mots ont un seul sens, celui que vous connaissez : *blow* signifie souffler, mais pas seulement !

2 1. It's Manchester United **versus** Liverpool.
2. Would you swap / exchange your mobile phone **for** that?
3. They danced cheek **to** cheek.
4. I'm not **against** going there.
5. When I play cards, I **double.**

3 1. He is / He's getting **above** himself!
2. Let's get it **over**.
3. They made **up**.
4. I couldn't make **out** where you were.
5. It has passed **into** oblivion.
6. She passed **out**.

20 Maîtriser les procédés de dérivation

En ajoutant un **préfixe** (avant) ou un **suffixe** (après) à une **base**, on peut la **dériver**. Maîtriser les procédés de dérivation vous permet :
– **en compréhension**, de savoir à quelle catégorie grammaticale appartient un mot et d'en déduire le sens ;
– **en expression** écrite et orale, de former des mots nouveaux et de diversifier votre vocabulaire.

1 Les préfixes

Les préfixes modifient le sens de la base.

over- (dépassement) : *overdo* (exagérer), *overwork* (surmenage)
under- (infériorité) : *underrate* (sous-estimer)
im-, in- / un- / dis- (contraire) : *impossible, unacceptable, disapprove*
mis- (erreur) : *misbehaviour* (mauvaise conduite), *mistake* (erreur)
fore- (à l'avance / avant) : *foreground* (premier plan), *forecast* (prévoir)
back- (retour) : *backhand* (revers, au tennis)

2 Les suffixes

■ Les suffixes permettent souvent de changer de catégorie grammaticale.

• **Du nom à l'adjectif**

-***ful*** : *wonder* → *wonderful, beauty* → *beautiful*
-***less*** (privatif) : *rest* (repos) → *restless* (agité), *friend* (ami) → *friendless* (sans ami)
-***ly*** : *friend* (ami) → *friendly* (amical), *love* (amour) → *lovely* (adorable)

➲ Attention à ne pas le confondre avec le suffixe de l'adverbe.

-***ish*** (caractéristique) : *child* (enfant) → *childish* (puéril)
-***like*** (semblable à) : *lady* → *ladylike* (raffiné)
-***y*** : *noise* (bruit) → *noisy* (bruyant), *mist* (brume) → *misty* (brumeux)

- **De l'adjectif au nom**

-***ness*** : *happy* → *happiness, rich* → *richness* (sens figuré)
-***ity*** : *real* → *reality*
-***ism*** : *romantic* → *romanticism*
-***th*** (avec une légère modification orthographique) : *dead* → *death, long* → *length*

- **De l'adjectif à l'adverbe**

-***ly*** : *real* (réel) → *really* (réellement)

- **Du verbe au nom**

-*(t)**ion*** : *react* → *reaction, imagine* → *imagination*
-***ee***, -***er***, -***or***, -***ess*** (personne) : *employ* → *employee* (employé) / *employer* (employeur), *act* → *actor* / *actress*
-***ing*** (gérondif) : *swim* → *swimming* (natation)
-***ment*** : *govern* → *government, state* → *statement* (affirmation)
-***our*** : *behave* → *behaviour* (comportement)
-***al*** : *propose* → *proposal* (proposition), *refuse* → *refusal* (refus)

- **Du verbe à l'adjectif**

-***ed*** (sens passif) : *interest* → *interested, bore* (ennuyer) → *bored* (ennuyé), *frighten* (effrayer) → *frightened* (effrayé)
-***ing*** (sens actif) : *interest* → *interesting, bore* → *boring* (ennuyeux), *frighten* → *frightening* (effrayant)

■ Parfois, le suffixe sert à passer du concret à l'abstrait sans changer de catégorie.

-***hood*** : *brother* (frère) → *brotherhood* (fraternité)
-***ship*** : *friend* (ami) → *friendship* (amitié)
-***dom*** : *king* (roi) → *kingdom* (royaume)

■ Plusieurs suffixes peuvent être utilisés pour dériver une même base.

thought (nom : « la pensée ») → *thoughtless* (adjectif : « irréfléchi ») → *thoughtlessly* (adverbe : « de manière irréfléchie »)

➲ Attention à l'orthographe : ne supprimez de consonne ni à la base, ni au suffixe !
individual + **-*ly*** = *individually* (individuellement)
person + ***al*** + **-*ly*** = *personally* (personnellement)
peasant + **-*ry*** = *peasantry* (paysannerie)

3 Comprendre un mot inconnu

■ Lisez le texte ci-dessous.

Life is often difficult for teenagers, who are caught between **childhood** and **adulthood**. They suddenly pay attention to girls or boys, and know it is not always **socially acceptable** to admit it. My son has always been **thankful** for our **thoughtfulness** and **understanding** at that time.

■ Analysez les mots dérivés.

- *childhood* / *adulthood* : nom + -***hood*** → nom (abstrait) : « l'enfance » / « l'âge adulte »
- *socially* : adjectif + -***ly*** → adverbe : « socialement »
- *acceptable* : verbe + -***able*** (capacité) → adjectif : « acceptable »
- *thankful* : nom (*thank* comme dans *thank you*) + -***ful*** → adjectif : « reconnaissant » (quelqu'un qui remercie)
- *thoughtfulness* : nom (*thought* : la pensée) + -***ful*** → adjectif : « prévenant » + -***ness*** → nom : « la délicatesse »
- *understanding* : verbe + -***ing*** → nom (et pas adjectif puisque mis en parallèle avec *thoughtfulness*) : « la compréhension »

■ Traduisez.

« La vie est parfois difficile pour les adolescents, qui sont pris entre **l'enfance** et **l'âge adulte**. Ils font soudain attention aux garçons ou aux filles, et savent que ce n'est pas toujours **socialement acceptable** de l'admettre. Mon fils a toujours été **reconnaissant** pour notre **délicatesse** et notre **compréhension** à ce moment-là de sa vie. »

4 Enrichir son vocabulaire

■ Vous voulez dire…

– que certains de vos amis se caractérisent par leur **puérilité**, d'autres par leur **gentillesse** ;
– que vous avez fait un travail **impeccablement** ;
– que vous êtes un **lecteur exigeant** ;
– que vous n'êtes pas attiré par la **célébrité**.

■ Retrouvez le mot dérivé.

- puérilité : nom *child* + -***ish*** → adjectif *childish* (puéril) + -***ness*** → nom : *childishness*
- gentillesse : nom *friend* + -***ly*** → adjectif *friendly* + -***ness*** → nom : *friendliness*
- impeccablement : nom *fault* + -***less*** → adjectif *faultless* (sans faute, impeccable) + -***ly*** → adverbe : *faultlessly* (possible aussi : *perfectly*)
- lecteur : verbe *read* + -***er*** → nom : *reader*
- exigeant : verbe *demand* + -***ing*** → adjectif : *demanding*
- célébrité : nom *star* + -***dom*** → nom : *stardom*

■ Traduisez.

- Some friends of mine are characterised by their ***childishness****, others are by their* ***friendliness.***
- I have done that work ***faultlessly****.*
- I am a ***demanding reader****.*
- I am not attracted by ***stardom****.*

➲ Attention cependant : une langue n'est pas un simple jeu de construction et vous ne pouvez pas créer n'importe quoi. Seule une pratique régulière de l'anglais vous fera acquérir l'intuition qui vous permettra de trouver les bonnes dérivations.

Pour parler des faits d'histoire

www.prepabac.com/media

Des mots à connaître pour faire les exercices

achieve a result : parvenir à un résultat
approve of : approuver
be worthwhile : valoir le coup
childhood : l'enfance
dead : mort
death : la mort
the earth : la terre
an era / an epoch : une époque
frighten : effrayer
frightened / afraid / scared : effrayé
frightening / scary : effrayant
guilty : coupable
kind : gentil, bienveillant
kindness : la gentillesse, la bienveillance
pain : la douleur
painful : douloureux
selfish : égoïste
thought : la pensée

Exercices d'application

1 Déduisez le sens des mots en gras, après avoir souligné la base et identifié leur catégorie grammaticale.

▸ corrigé p. 161

I have always had troubled **relationships** with my family. For as long as I can remember, they have always accused me of being **selfish, exasperating** and **irresponsible**, which I have always found **painful**. But I no longer feel **oversensitive**. I just think this is a **disrespectful** attitude, and I manage my life **successfully**, anyway.

1. Relationships
Catégorie : ☐ nom ☐ verbe ☐ adjectif ☐ adverbe
Traduction : ....
2. Selfish
Catégorie : ☐ nom ☐ verbe ☐ adjectif ☐ adverbe
Traduction : ....
3. Exasperating
Catégorie : ☐ nom ☐ verbe ☐ adjectif ☐ adverbe
Traduction : ....
4. Irresponsible
Catégorie : ☐ nom ☐ verbe ☐ adjectif ☐ adverbe
Traduction : ....
5. Painful
Catégorie : ☐ nom ☐ verbe ☐ adjectif ☐ adverbe
Traduction : ....
6. Oversensitive
Catégorie : ☐ nom ☐ verbe ☐ adjectif ☐ adverbe
Traduction : ....
7. Disrespectful
Catégorie : ☐ nom ☐ verbe ☐ adjectif ☐ adverbe
Traduction : ....
8. Successfully
Catégorie : ☐ nom ☐ verbe ☐ adjectif ☐ adverbe
Traduction : ....

2 **Lisez le texte attentivement, en repérant bien les mots dérivés pour vous aider à comprendre, puis répondez aux questions.**

▸ corrigé p. 161

The relative infertility of Bacon's thought is shown by the fact that he founded no school and left no trace of discipleship. The entire century after his death shows no single European name that need claim the attention of the historian of science. [... But] the most distinguished worker of the new era was the famous Italian Leonardo da Vinci – a man who has been called by Hamerton the most universal genius that ever lived.

[... But] the really stimulative work of this generation was done by a man of affairs, who knew little of theoretical science except in one line, but who pursued that one practical line until he achieved a wonderful result. This man was Christopher Columbus. [...] His practical demonstration of the rotundity of the earth is regarded by most modern writers as marking an epoch in history. With the year of his voyage the epoch of the Middle Ages is usually regarded as coming to an end. It must not be supposed that any very sudden change came over the aspect of scholarship of the time, but the preliminaries of great things had been achieved, and when Columbus made his famous voyage in 1492, the man was already alive who was to bring forward the first great vitalizing thought in the field of pure science that the Western world had originated for more than a thousand years. This man bore the name of Kopernik, or in its familiar Anglicized form, Copernicus.

http://www.cosmovisions.com/Williams020305.htm (abridged)

1. Vrai ou faux ? Justifiez en citant le texte.

a. In this text, Bacon is considered as a great genius.

☐ Right ☐ Wrong Justification: ....

b. After Bacon's death, a lot of people continued his work.

☐ Right ☐ Wrong Justification: ....

c. In this text, Columbus's work is considered revolutionary.

☐ Right ☐ Wrong Justification: ....

d. Columbus's discovery immediately changed people's conception of the world.

☐ Right ☐ Wrong Justification: ....

2. Dans ce texte, trouvez des mots ayant pour signification...

a. un travailleur : ....

b. assez longuement : ....

c. le fait d'avoir des disciples : ....

d. théorique : ....

3 Dérivez les bases suivantes pour traduire les mots demandés comme dans l'exemple.

▸ corrigé p. 161

base	sens	mot dérivé	sens
false	faux	*falseness / falsehood*	la fausseté
mind	l'esprit		inattentif, stupide
beauty	la beauté		à la perfection
kind	bienveillant		la bienveillance
threat	la menace		de façon menaçante

4 Complétez ce texte en dérivant les mots entre parenthèses. Attention au sens !

▸ corrigé p. 161

Dear Lucy,

I think your .... (behave) is .... (total) .... (accept). I can't believe what I have just heard. I .... (trust[1]) confided my secret to you, but you have been .... (loyal) to me, and now, I feel .... (deceive) by your .... (betray[2]). What have I done to deserve[3] such .... (treat)? I believed in your .... (honest). Come home tomorrow, ... (prefer) in the evening. I want to have a .... (converse) with you about all this.

1. *trust* : la confiance • 2. *betray* : trahir • 3. *deserve* : mériter

1 1. ***relation**ships* : nom → « relations » (abstraction)
2. ***self**ish* : adjectif → « égoïste » (*self* = soi comme dans *self-service*)
3. ***exasperat**ing* : adjectif → « exaspérant »
4. *ir**responsible*** : adjectif → « irresponsable »
5. ***pain**ful* : adjectif → « douloureux » (*pain* = la douleur, la peine)
6. *over**sensitive*** : adjectif → « trop sensible », « trop susceptible »
7. *dis**respect**ful* : adjectif → « irrespectueux »
8. ***success**fully* : adverbe → « avec succès »

2 1. a. Wrong: *the relative **infertility** of Bacon's thought*
b. Wrong: *left no trace of **discipleship***
c. Right: *he achieved a **wonderful** result* (ou : *His practical demonstration of the rotundity of the earth is regarded by most modern writers as marking an epoch in history.*)
d. Wrong: *It must not be supposed that any very sudden change came over the aspect of **scholarship** of the time.*
La clé nécessaire pour répondre à ces questions réside, vous le voyez, dans la compréhension de mots dérivés, ci-dessus en **gras**.
2. a. un travailleur : *a worker*
b. assez longuement : *at some length*
c. le fait d'avoir des disciples : *discipleship*
d. théorique : *theoretical*

3

base	sens	mot dérivé	sens
mind	l'esprit	*mindless*	inattentif, stupide
beauty	la beauté	*beautifully*	à la perfection
kind	bienveillant	*kindness*	la bienveillance
threat	la menace	*threateningly*	de façon menaçante

4 Dear Lucy,
I think your **behaviour (US: behavior)** is **totally unacceptable**. I can't believe what I have just heard. I **trustfully** confided my secret to you, but you have been **disloyal** to me, and now, I feel **deceived** by your **betrayal**. What have I done to deserve such **treatment**? I believed in your **honesty**. Come home tomorrow, **preferably** in the evening. I want to have a **conversation** with you about all this.

21 Apprendre une leçon

Attention ! Lire n'est pas apprendre. Apprendre n'est pas savoir.

1 Réviser le cours

■ Travaillez régulièrement. Révisez **chaque cours pour le cours suivant.** N'attendez pas le contrôle pour vous mettre au travail, car c'est souvent trop tard : le contenu est trop important pour être absorbé en une fois, et il est trop tard pour poser des questions à votre professeur sur ce que vous n'avez pas compris.

■ **Pour vous approprier le cours,** vous devez le mémoriser, c'est-à-dire…

- Relire le cours ; c'est important mais généralement pas suffisant.
- Lire le texte à haute voix, tout en essayant de vous rappeler comment il a été prononcé et ce qui en a été dit en classe. Si vous avez une mémoire auditive, vous pourrez vous « mettre en bouche » les mots nouveaux. Transcrivez-les en alphabet phonétique afin de ne pas les écorcher (voir page 222).
- Cacher la fin d'une phrase ou d'un paragraphe pour vérifier que vous pouvez en restituer le contenu.
- Récrire le cours ou résumer le texte sur une feuille à part. Cela peut vous être utile si vous avez une mémoire visuelle. Vous verrez ainsi ce que vous n'avez pas compris.

2 Apprendre le vocabulaire

■ Chez vous, après chaque cours, **faites des fiches thématiques**, où vous pourrez noter en regard les traductions et les transcriptions phonétiques si le mot pose problème. Ces fiches, faites à la maison, vous donnent l'occasion de revenir sur les mots nouveaux. En les récrivant, vous les fixez mieux dans votre mémoire.

■ Cherchez des **moyens mnémotechniques** pour vous souvenir des mots nouveaux, le passage par des synonymes par exemple.

a map : une carte → pensez à « une mappemonde »
despite : malgré → pensez à « en dépit de »

➲ Attention cependant à ne pas trop strictement associer un mot à sa traduction : *a map* veut dire une carte (géographique), mais si vous avez besoin de parler d'une carte à jouer, vous utiliserez *a card*.

■ Quand vous apprenez des mots nouveaux, notamment des mots de liaison, vous devez apprendre en même temps leurs conditions d'emploi. On n'utilisera pas un subordonnant (suivi d'une proposition) comme une préposition (suivie d'un groupe nominal), même si leur sens est équivalent. Comparez ces deux expressions du contraste.

*He works hard **whereas she does nothing**.*
Il travaille dur alors qu'elle ne fait rien. [*whereas* + proposition]
*He works hard, **contrary to her**.*
Il travaille dur, contrairement à elle. [*contrary to* + groupe nominal]
Vous mémoriserez mieux le vocabulaire en écrivant de courts exemples.

3 Apprendre la grammaire

■ **Faites des fiches**. N'hésitez pas à utiliser des couleurs pour symboliser les catégories grammaticales, les déplacements de mots dans les transformations (à la voix passive par exemple). Cela sera utile pour vos révisions, mais cela ne suffit pas.

■ **Faites des exercices en plus des devoirs** qui vous sont demandés. Ils vous permettent de réinvestir ce que vous avez appris.

- Vous pouvez faire un exercice avec le cours sous les yeux, puis essayer d'en faire un autre en utilisant ce dont vous vous souvenez, puis vérifier avec le cours.

- Si le cours ne vous suffit pas, reportez-vous à l'index grammatical de votre manuel. Les phrases, souvent rédigées, peuvent vous permettre de remettre de l'ordre dans vos notes. Vous devez être capable de faire ce travail, car en Seconde, on vous demande d'être autonome.

- Enfin, s'il vous semble qu'il vous manque des bases de collège et que les points abordés en Seconde sont difficiles, n'hésitez pas à revoir ces points **de façon autonome.**

4 Avant un contrôle...

■ **Pour réviser les contrôles et les réussir...**

- Révisez vos fiches de vocabulaire, puis récitez-les par écrit.
- Refaites les exercices faits en classe et d'autres pour vous assurer que vous avez compris.
- Si possible, révisez à deux, chacun interrogeant l'autre : autant s'évaluer pour se corriger avant l'évaluation du professeur.

■ **Montrez que vous avez travaillé**. Dans le contrôle, votre professeur cherche à établir si vous avez appris et compris ce qui a été revu.

- Si vous avez appris **le vocabulaire**, montrez-le en le **réutilisant** au maximum. Il y a de fortes chances pour que le thème abordé par le sujet d'expression soit en rapport étroit avec ce qui a été étudié en cours. Lisez-le et notez tous les mots dont vous vous souvenez qui peuvent être réutilisés.
- De même, soyez particulièrement vigilant sur les **points de grammaire** revus en cours.

Exemple
Vous avez revu l'emploi des deux présents (voir page 45) et l'on vous demande dans l'expression de parler des cérémonies de mariage dans telle ou telle religion ou communauté... Pensez à bien utiliser le présent simple pour décrire les habitudes et les coutumes, sans oublier le ***-s*** de la 3e personne du singulier, si vous décrivez ce que fait habituellement le marié ou la mariée.

■ Par ailleurs, n'oubliez pas que **suivre en cours** est la clé de la réussite. Prendre en note ce qui a été entendu et compris évite de découvrir à la maison un point de grammaire difficile. Participer et essayer de faire des exercices ou de mettre en œuvre des structures permet de se tester et de comprendre ses erreurs éventuelles. L'erreur fait progresser.

22 Relire sa copie

1 Le minimum exigible

Répondre à une question de compréhension ou d'expression en classe de Seconde suppose qu'un certain nombre de points sont acquis. Il faut en particulier ne pas commettre d'erreurs sur les points suivants.

■ Conjugaison de *be* et *have*, surtout au présent (voir page 45).
be : *I am – you are – he is – we are – you are – they are*
have : *I have – you have – he has – we have – you have – they have*

■ À la forme interrogative, en anglais contemporain, ne confondez pas les constructions de *have* et *have got*.

Have you got *brothers and sisters?* [*have* est auxiliaire du *present perfect*]
Do you have *brothers and sisters?* [*have* est un verbe ordinaire]

■ Construction des temps (voir pages 45-73).

■ Place de l'adjectif épithète et invariabilité des adjectifs (voir page 23).

I have got really ***nice*** *brothers.*
J'ai des frères vraiment **sympas**.

■ Ordre des mots dans la phrase simple (voir page 92).

2 Quelques erreurs fréquentes à éviter

■ **« Pour »**

- « Pour » + groupe nominal → ***for*** + groupe nominal
  I chose this book ***for my daughter***.
  J'ai choisi ce livre pour ma fille.
- « Pour » + verbe → ***to*** + verbe (expression du but)
  You must work hard ***to become*** *a pilot.*
  Il faut travailler dur pour devenir pilote.

« Se » + verbe (verbes pronominaux)

- « Se » est réfléchi (renvoie au sujet) → pronom + ***-self*** *(myself – yourself – himself / herself / oneself – ourselves – yourselves – themselves)*
  ***He** is looking at **himself** in a mirror.*
  Il **se** regarde dans un miroir.
- « Se » est réciproque (renvoie à une interaction entre plusieurs personnes) → ***each other / one another***
  *They glared at **each other / one another** for a second.*
  Ils **se** regardèrent méchamment l'espace d'une seconde.
- « Se » précède un verbe à sens passif → on utilise dans certains cas ***get*** + participe passé.
  *He **got** elected last time.*
  Il **s'**est fait élire la dernière fois.

➲ Un certain nombre de verbes, pronominaux en français, se traduisent sans pronom réfléchi ou réciproque en anglais.
*They **met** last week.*
Ils **se sont rencontrés** la semaine dernière.
*They **have walked** in the forest.*
Ils **se sont promenés** dans la forêt.

« Il y a... »

- Pour expliquer ce qui se trouve là → ***there is*** + nom singulier / ***there are*** + nom pluriel, *there was / were, there will be, there might be, is there? / are there?, there isn't / there aren't.*
  *In this painting, **there is** a couple dancing.*
  Dans ce tableau, il y a un couple qui danse.
- Pour dire quand s'est passé quelque chose → … ***ago***
  *I saw her three days **ago.***
  Je l'ai vue il y a trois jours.
- Pour dire depuis quand quelque chose se produit → ***for*** + durée
  *They haven't seen her **for** years.*
  Il y a des années qu'ils ne l'ont pas vue.

➲ Ne confondez pas *for* et *since*, qui peuvent tous deux se traduire par « depuis » et sont accompagnés d'une forme en *have* + participe passé !

- ***For* + durée**

*They have known her **for three years.***
Il y a trois ans qu'ils la connaissent. / Ils la connaissent depuis trois ans.

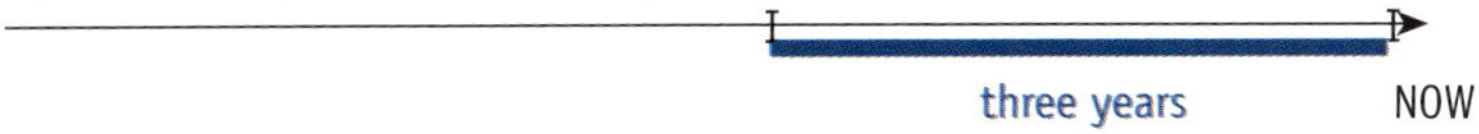

- ***Since* + moment précis du passé**

*I haven't walked in this forest **since last week.***
Il y a / Cela fait une semaine que je ne me suis pas promené dans cette forêt.
Je ne me suis pas promené dans cette forêt depuis la semaine dernière.

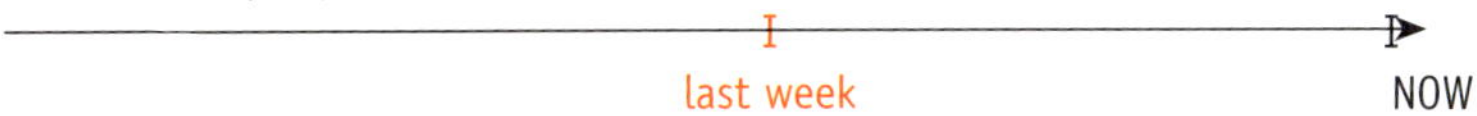

« On... »

- On peut remplacer « on » par « nous », « vous » → ***we, you.***

*In class, **we** studied* Macbeth.
En classe, on a étudié *Macbeth.*
***You** could see at once he hadn't slept for ages.*
On voyait tout de suite qu'il n'avait pas dormi depuis des lustres.

On peut aussi utiliser ***they***, comme on dit « ils » en français.
*In that country **they** drive on the left.*
On conduit / Ils conduisent à gauche, dans ce pays.

➲ Dans ces deux cas, « on » réfère à une catégorie de personnes identifiable, dont « je » fait partie *(we)* ou non *(they)*, ou encore à qui « je » s'adresse *(you)*.

- Il s'agit d'une généralité s'apparentant à un proverbe → ***one.***

***One** should never argue with **one's** parents.*
On ne devrait jamais se disputer avec ses parents.

Certaines tournures impersonnelles permettent le **passif** (voir page 138).
*A homeless person **has been discovered** dead under a bridge in York.*
On a découvert un sans-abri mort sous un pont à York.

➲ Dans ces deux cas, « on » n'est pas identifiable : soit « on » désigne n'importe qui *(one)*, soit « on » est inconnu ou sans importance (passif).

« Il faut... »

Cette tournure en français exprime une obligation. Il faut donc utiliser en anglais un modal exprimant l'**obligation** (voir page 77). Le sujet de cette forme verbale doit être **personnel** (et non impersonnel comme « il » en français).

- **« Il faut que » + subordonnée**

  Il faut que **tu** viennes.
  You *must come.*
  [Le sujet de *must (you)* apparaît dans la subordonnée en français (« tu »).]

- **« Il faut » + infinitif**

Le sujet de *must* n'apparaît pas, puisque « il faut » est suivi d'une proposition infinitive. Vous devez donc le retrouver.

Pour traduire « Il faut prendre cela en compte. », vous avez deux possibilités :

You / We / They *must take this into account.*
[*you / we* ou *they* en fonction du contexte de la phrase]
This *must be taken into account.*
[recours à la forme passive / valeur impersonnelle]

« Dire quelque chose à quelqu'un »

- ***You say something (to someone).***

Say est immédiatement suivi de ce qu'on dit ou raconte *(something)*. On ne mentionne pas obligatoirement à qui on le dit *(to someone)*.

She said "no".
Elle a dit non.
She said "yes" to Tom.
Elle a dit oui à Tom.

- ***You tell someone something.***

Après *tell* on précise à qui on s'adresse *(someone)*. Ce qu'on dit *(something)* est **obligatoirement** mentionné.

She told me how important it was for her.
Elle m'a dit combien c'était important pour elle.

3 Ponctuation et majuscules

Ponctuation

Pensez à vérifier la ponctuation. Des erreurs de ponctuation peuvent conduire votre lecteur à comprendre autre chose que ce que vous avez voulu dire.

They gave me a book, ***which*** *I found surprising.*
Ils m'ont donné un livre, ce que j'ai trouvé étonnant.
[C'est le fait qu'ils aient donné quelque chose qui m'étonne.]

They gave me a book ***which*** *I found surprising.*
Ils m'ont donné un livre que j'ai trouvé étonnant.
[C'est le livre qui est étonnant.]

Majuscules

Notez qu'en anglais, on met aussi une majuscule à tous les mots se référant à des **nationalités**.

He speaks ***C****hinese.*
Il parle chinois.
This is ***F****rench wine.*
C'est du vin français.

Des mots à connaître pour faire les exercices

correct : corriger
a flat / an apartment : un appartement
a mark : une note
a mistake : une erreur
a scientist : un scientifique
shake hands : se serrer la main
study : étudier
translate : traduire
a translation : une traduction
wonder : se demander

Pour exprimer la cause et la conséquence
www.prepabac.com/media

Exercices d'application

1 Traduisez en faisant particulièrement attention à la traduction de « il y a ».

▸ corrigé p. 171

1. Il y a du café dans le placard bleu.
2. Il y a un mois qu'elle n'est pas entrée dans ce bâtiment.
3. Il y a un an, j'ai quitté mon appartement pour habiter ici.
4. Il y avait des gens intéressants à cette soirée.
5. Il doit y avoir une solution !
6. Il se pourrait qu'il y ait d'autres civilisations dans l'univers.

2 Traduisez en faisant particulièrement attention à la traduction de « pour ».

▸ corrigé p. 171

1. Je l'ai fait pour toi.
2. Louisa a écrit pour me demander si je pouvais venir.
3. Elle est venue ici pour me dire non.
4. Elle a travaillé dur pour avoir ce job.
5. Il faut qu'elle étudie pour devenir une scientifique.

3 Traduisez en faisant particulièrement attention à la traduction des verbes pronominaux.

▸ corrigé p. 171

1. Il se souvint de ce qu'elle avait dit.
2. Elle s'est acheté un nouveau sac à main très pratique.
3. Ils se sont dit bonjour.
4. Je me suis demandé pourquoi.
5. John et Ben se sont observés longuement… puis ils se sont serré la main.
6. C'est ce que je me suis dit.

1 1. **There is** (some) coffee in the blue cupboard.
2. She hasn't come into this building **for a month**. / It's been a month **since** she last came into this building.)
3. **One year ago**, I left my flat / apartment to live here. (Notez *to* + verbe.)
4. **There were** interesting people at / attending this party. Notez l'accord du verbe avec *people* – pluriel – et la place de l'adjectif, invariable.)
5. **There must be** an answer / a solution!
6. There **may / might / could be** other civilisations in the universe.

2 1. I did / have done it **for** you.
2. Louisa wrote / has written **to** ask me if / whether I could come (over).
3. She came / has come here **to** tell me "no" / **to** say "no" to me. (Notez les constructions avec *say* et *tell*.)
4. She (has) worked hard to get this job.
5. She must study to become a scientist. (Notez le recours à *must* pour traduire « il faut que ».)

Prétérit ou *present perfect*?
Dans les quatre premières phrases, on utilise le **prétérit** si le contexte indique que le point de vue du locuteur est de raconter une action passée, coupée du présent, **ou** le ***present perfect*** si l'action est envisagée à cause de ses conséquences sur le présent (voir page 52 et page 59). En l'absence de contexte, les deux temps sont envisageables.

3 1. He remembered what she had said. (*Remember* = se souvenir. Notez le choix de *say* pour traduire « dire » ici.)
2. She (has) bought a very convenient / practical new handbag. (Notez la place des adjectifs, avant le nom qu'ils qualifient.)
3. They said hello to each other (to one another). / They told each other (one another) hello.
4. I (have) wondered why. (*Wonder* = se demander. Ne pas employer *ask* sous forme pronominale ici.)
5. John and Ben observed (looked at / watched) each other / one another for a while… then they shook hands.
6. It's / That's what I said to myself.

POUR ALLER VERS LE BAC

23 Comprendre les consignes

En Seconde, on vous entraîne à répondre à des questions de compréhension et à traiter des sujets d'expression dans la perspective du bac.

Ces exercices sont nouveaux pour vous. Pour les réussir, vous devez pour commencer bien comprendre les consignes.

1 Les questions de compréhension

■ Les questions de compréhension sur un texte vont toujours **du plus global au plus détaillé**. Pour y répondre, les éléments périphériques (photos, documents d'accompagnement, nom de l'auteur, etc.) peuvent vous apporter de précieux indices.

➲ Ne vous précipitez pas, lisez le texte au moins une fois en entier avant d'aborder les questions.

■ Les premières questions sont généralement très **simples** : *who? where? when? why? how?*

Il s'agit de situer les personnages (*characters*), le sujet (*topic*), l'action et les éléments caractéristiques.

➲ Ne cherchez pas à comprendre tous les détails.

■ Les questions suivantes sont **plus pointues**. Y répondre doit vous aider à comprendre les passages plus difficiles.

On vous demande par exemple :

- de repérer des informations du type *wh- questions* ;
- de trouver à qui ou à quoi se réfère un pronom ;
- de vérifier la véracité de certaines affirmations (*true / false* ou *right / wrong*) en justifiant votre réponse grâce à des citations qu'il faut sélectionner avec rigueur ;
- de trouver dans le texte des équivalents de mots connus.

Quelques conseils pour bien interpréter les questions

- ***When** does the scene take place?*

Ne pas dire **où** mais **quand** se situe l'action.
Bien lire les questions pour éviter les confusions, plus fréquentes qu'il n'y paraît, entre *who* et *where*, *when* et *where*...

- *Focus on **lines 39 to 43** and say how the characters react.*

Ne pas donner d'éléments pris en dehors des lignes indiquées.

Parler de **tous** les personnages mentionnés dans ces lignes *(character**s**)*.

- ***Sum up** the narrator's reaction **in your own words**.*

Ne pas reprendre des passages entiers du texte : il faut reformuler rapidement *(sum up)* avec vos **propres** mots.

- *Pick out **the word** that illustrates the mother's anxiety.*

Ne pas citer plusieurs mots, ni un groupe de mots : seul **un** mot *(the word)* est attendu.

- *True or false? **Justify** with one quotation from the text.*

Ne pas oublier de **justifier** : un vrai / faux non justifié est systématiquement considéré comme une absence de réponse.

Ne pas citer de phrases trop longues, ni de phrases tronquées, dépourvues de sens. Il faut sélectionner le groupe de mots le plus pertinent.

- *List the characters **actually present** in the text.*

Ne pas citer ceux qui sont uniquement mentionnés (*actually present* : on vous demande ceux qui sont **réellement** là).

- *Between line 5 and 15, find a synonym for hurt: ... / adored: ...*

Donnez des synonymes ayant la **même catégorie** grammaticale que ceux indiqués : sinon vous êtes sûrs d'avoir faux !

La catégorie grammaticale des mots donnés doit précisément vous aider à trouver leurs synonymes.

Des mots à connaître

the background : le milieu
the behaviour : le comportement
behave : se comporter
bold : gras
the brackets : les parenthèses
a character : un personnage
a clue : un indice
deduce : déduire
describe : décrire
an event : un événement
an excerpt, an extract : un extrait
explain : expliquer
an explanation : une explication
fill in : remplir
a grid : une grille
imply : impliquer
italics : italique
justify : justifier
list : faire une liste de
locate : localiser
match : faire correspondre
the meaning : la signification
a phrase : une expression
pick out : choisir
a quotation : une citation
quote : citer
the relationship : la relation, le lien
rephrase : reformuler
a sentence : une phrase
a statement : une affirmation
sum up : résumer
a summary : un résumé
tick : cocher
a topic : un sujet, un thème
a translation : une traduction
translate : traduire
underline : souligner
use : utiliser

2 Les sujets d'expression

■ Dans le travail d'expression écrite, on peut vous demander par exemple d'« écrire à la manière de » l'auteur étudié, de donner votre point de vue sur un thème, de partir de votre expérience personnelle ou de votre imagination.

■ Analysez toujours attentivement les termes du sujet pour savoir ce qui est attendu de vous. Il est souvent utile de commencer par les définir.

■ Veillez à respecter le nombre de mots demandé s'il est indiqué et à le noter sur votre copie.

■ **Quelques conseils pour bien interpréter le sujet**

- *Sally writes about her visit to London. Write her* ***letter****.*

Ne pas oublier la présentation selon le type de sujet : une lettre implique un destinataire *(an addressee)*, un expéditeur, un échange, une signature…

- *Imagine a* ***dialogue*** *between Joan and her father.*

Ne pas noyer le dialogue dans du récit. Si on vous demande un dialogue, il doit occuper l'essentiel de votre copie même si vous pouvez avoir besoin parfois de quelques lignes pour situer la scène.

- ***In your opinion****, is our modern society tolerant? Give* ***examples****.*

Ne pas vous contenter de banalités : on vous demande un point de vue personnel. Analysez le sujet. Qu'est-ce que « notre société moderne » ? À quoi s'oppose-t-elle ? Tolérante vis-à-vis de quoi ?
Ne pas oublier d'illustrer avec des exemples comme le demande la consigne.

- *Does* ***becoming a star imply*** *losing one's personality?*

Ne pas se lancer dans le sujet de réflexion sans l'avoir bien compris et l'avoir analysé grammaticalement, notamment en repérant le sujet grammatical *(becoming a star)*, le verbe *(imply)*… Cette question, qui contient trois formes verbales, signifie : « Est-ce que le fait de devenir une star implique forcément de perdre sa personnalité ? »

Des mots à connaître

agree : être d'accord
convinced : convaincu
a diary : un journal intime
discuss : discuter
explain : expliquer
to what extent : dans quelle mesure
follow : suivre
imply : impliquer
a point of view : un point de vue
the sequel : la suite
a statement : une affirmation

Pour comprendre le vocabulaire des consignes

www.prepabac.com/media

Exercices d'application

1 Lisez les consignes suivantes et cochez ce que vous devez faire (plusieurs réponses sont parfois possibles).

▸ corrigé p. 182

1. *Identify the type of document.*

Vous devez

- ☐ dire qui sont les personnages
- ☒ dire s'il s'agit d'un extrait de roman, d'un article de journal…
- ☐ dire de quoi le document est extrait
- ☐ justifier votre réponse

2. *What is the relationship between Tom and Robert? Support your answer with a clue from the text.*

Vous devez

- ☐ faire la liste des personnages
- ☒ dire si Tom et Robert sont frères, amis…
- ☒ citer le texte pour justifier votre réponse
- ☐ être sûr qu'il y a un indice dans le texte

3. *What is the main topic of this text?*

Vous devez

- ☐ trouver dans le texte l'expression qui résume le texte
- ☐ faire la liste des sujets abordés par le texte
- ☒ trouver le sujet essentiel du texte

4. *What is the genre of this passage?*

Vous devez

- ☐ dire si vous trouvez le texte bien écrit
- ☐ trouver des phrases qui indiquent le ton des personnages
- ☒ dire s'il s'agit d'un roman, d'une pièce de théâtre, d'un article de presse…

5. *Pick out three adjectives describing the main character.*

Vous devez

- ☒ trouver dans le texte trois adjectifs
- ☐ inventer trois adjectifs

Ces adjectifs

☐ sont utilisés par

☒ s'appliquent

- ☒ au personnage principal
- ☐ aux principaux personnages

2 Faites correspondre la consigne avec la tâche à effectuer.

corrigé p. 182

1. *How would you translate "to run" in this passage?*
2. *Are the following statements true or false? Correct them when false.*
3. *Right or wrong? Justify your answer quoting from the text.*
4. *What does "that" refer to (line 14)?*
5. *Choose one of the following subjects… (150 words)*
6. *Write down the expressions used to indicate disinterest, boredom.*
7. *Answer both questions… (150 words)*

a. Vérifier la justesse d'affirmations et corriger les affirmations erronées.
b. Rédiger 150 mots en répondant à deux questions posées.
c. Retrouver dans le texte le référent d'un pronom.
d. Rédiger 150 mots sur un sujet au choix parmi deux.
e. Proposer une traduction pour un mot en fonction de son contexte.
f. Déterminer si une affirmation est vraie ou fausse et justifier son choix.
g. Repérer dans le texte des locutions ayant toutes un sens similaire.

3 Soulignez dans le paragraphe suivant les éléments pertinents (ni trop longs, ni trop courts) qui justifient les affirmations ci-dessous.

corrigé p. 182

The history of Central Park

The Creation of "a Central Park"

After years of debate over the location[1], the park's construction finally began in 1857, based on the winner of a park design contest[2], the "Greensward Plan", of Frederick Law Olmsted, the park superintendent, and Calvert Vaux, an architect. Using the power of eminent domain, the city acquired 840 acres located in the center of Manhattan, spanning[3] two and a half miles from 59th Street to 106th Street (in 1863 the park was extended north to 110th Street) and half a mile from Fifth Avenue to Eighth Avenue.

In the process, a population of about 1,600 people who had been living in the rocky, swampy[4] terrain – some as legitimate renters[5] and others as squatters – were evicted[6]; included in this sweep were a convent and school, bone-boiling plants, and the residents of Seneca Village, an African-American settlement of about 270 people which boasted a school and three churches. The members of AME Zion, Seneca Village's most prominent church, were scattered[7] throughout the city, their community destroyed. Though the city did compensate the landowners[8] with an average of $700 per lot of land, many residents estimated this far below the value of their property, which, despite the (until then) undesirable topography, contained their homes, their history, and their livelihoods.

http://www.ny.com/articles/centralpark.html, D.R.

1. *the location* : l'emplacement / le lieu • 2. *a contest* : un concours • 3. *spanning* : couvrant • 4. *swampy* : marécageux • 5. *a renter* : un locataire • 6. *evicted* : mis dehors • 7. *scattered* : éparpillé • 8. *the landowners* : les propriétaires terriens

1. The park was built during the 19th century.
2. Before being transformed into a park, the area was not well-adapted to human living. (two justifications)
3. Not everybody who lived in the area at the time was legally entitled to do so.
4. A small village of black people existed there at the time.
5. The people who had to move from the area when Central Park was built were not satisfied with the compensation offered by the American government.

1 1. Vous devez dire s'il s'agit d'un extrait de roman, d'un article de journal…
2. Vous devez dire si Tom et Robert sont frères, amis… / citer le texte pour justifier votre réponse.
3. Vous devez trouver le sujet essentiel du texte.
4. Vous devez dire s'il s'agit d'un roman, d'une pièce de théâtre, d'un article de presse…
5. Vous devez trouver dans le texte trois adjectifs. Ces adjectifs s'appliquent au personnage principal.

2 1 – e. • 2 – a. • 3 – f. • 4 – c. • 5 – d. • 6 – g. • 7 – b.

3 1. the park's construction finally began in 1857
2. in the rocky, swampy terrain – despite the (until then) undesirable topography
3. others as squatters
4. Seneca Village, an African-American settlement
5. many residents estimated this far below the value of their property

24 Comprendre le sens global du texte

Dans l'évaluation de la compréhension écrite, en classe comme au bac, les questions portent d'abord sur le sens global du texte, afin de s'assurer que l'essentiel a été compris.

1 Utiliser les informations périphériques

- Avant de vous plonger dans le texte, analysez ses éléments périphériques pour mieux cerner le **contexte** : images, genre et titre dont il est extrait (article de presse, roman, publicité), auteur, date de parution…

- **Exemple :** On vous donne un article du journal *The Times* (quotidien britannique), paru le 27 janvier 2006, et intitulé : *Don't follow super-size Americans, says Prince.* Cet article est illustré d'une photographie représentant des gens obèses. Vous pourrez anticiper que le Prince dont il est question est le Prince Charles et que l'article parle de l'obésité en Grande-Bretagne, en particulier par rapport au modèle américain.

2 Dégager les phrases clés

- Lisez le texte sans vous focaliser sur les mots que vous ne connaissez pas. Au contraire, prenez appui sur le vocabulaire connu, la phrase de base (sujet / verbe / complément !) pour dégager le sens général. Les phrases clés vous permettent de répondre même si le reste vous semble obscur.

- **Exemple**

> **When Mary Lennox was sent to Misselthwaite Manor to live with her uncle everybody said she was the most disagreeable-looking child** ever seen. It was true, too. She had a little thin face and a little thin body, thin light hair and a sour expression. Her hair was yellow, and her face was yellow because she had been born in India and had always been ill one way or another. **Her father had held a position under the English Government**, and had always been busy and ill himself, and **her mother had been a great beauty who cared only to go to parties** and amuse herself with gay people.
>
> Frances H. Burnett, *The Secret Garden*, 1909.

Phrases clés (en gras)

- *she was the most* ***disagreeable-looking*** *child*

Mary est perçue comme une enfant au physique désagréable.

- *she had been born in* ***India***

Son lieu de naissance, l'Inde.

- *Her father had held* ***a position*** *under the* ***English*** *Government*

Le statut social de son père est indiqué.

➲ L'histoire se passe au moment où l'Inde est encore sous administration britannique.

- *her mother had been a* ***great beauty*** *who cared* ***only*** *to go to* ***parties***

Contraste physique entre la mère et la fille ; mère et fille n'ont eu que des relations distantes.

- *When Mary Lennox was sent to Misselthwaite Manor* ***to live with her uncle***

Événement de départ : après une vie passée en Inde avec ses parents, Mary Lennox, pour des raisons inconnues, est envoyée en Grande-Bretagne (Misselthwaite Manor évoque un château anglais) chez son oncle.

3 Répondre aux questions de base

■ Relisez le texte en vous posant, comme pour un texte en français, les six questions de base : *who? where? what? when? how? why?*

Repérez les paragraphes : ils marquent une **articulation** dans le texte. Les **mots de liaison** et transitions vous aideront à mieux saisir comment ils s'organisent.

- ***Who?***

Qui sont les personnages ? Vous les repérez par leur prénom (*first / Christian name*) ou par leur nom de famille (*surname*) ou même encore par leur surnom (*nickname*).

➲ Attention : un même personnage peut être désigné de plusieurs manières dans le texte… N'en faites pas pour autant plusieurs personnages distincts.

Faites la distinction entre les personnages présents (qui agissent, parlent, dans le récit) et ceux qui ne sont que mentionnés. Ne prenez pas pour des personnages les noms qui figurent dans des interjections *(Jesus! Christ! God!)*.

Essayez de trouver les liens (familiaux, sentimentaux, professionnels) entre les personnages à l'aide d'indices du texte (*husband and wife / father and son / friends…*)

- ***Where?***

Le pays peut déterminer les faits culturels dont on vous parle : si un texte se déroule en Inde avant 1947, on comprendra que le pays est toujours sous administration britannique, ce qui n'est plus le cas après cette date.

➲ Faites la distinction entre le lieu où se situe la scène et d'autres lieux éventuellement mentionnés.

- ***What?***

Trouvez de quels événements il est question dans le texte. En plus des phrases clés, aidez-vous aussi du ton général, du contexte.

- ***When?***

Repérez la chronologie des événements, en vous aidant des mots de liaison, des adverbes… utilisés par le narrateur.

Analysez les temps verbaux. En anglais, sauf dans de rares cas où le présent est employé (textes contemporains), le temps du récit est le prétérit. Un *past perfect* pourra par exemple indiquer un flashback (voir page 60).

Le plus souvent, le récit est organisé de façon chronologique, mais certains éléments (verbes : *remember, recall…* ou prépositions / adverbes : *before, previously…*) peuvent indiquer une incursion dans le passé.

L'auteur peut aussi choisir d'exposer préalablement la situation la plus récente puis de fournir des explications sur les causes (voir *The Secret Garden*). Le repérage des phrases clés vous a aidé à distinguer les événements importants de ceux qui ne sont pas cruciaux pour l'action.

- ***How? Why?***

Trouvez comment et pourquoi les personnages agissent. Ces questions vous permettent de cerner leur personnalité, leur cohérence.

Exemple

Mr Brocklehurst s'entretient avec Miss Temple : il vient de découvrir lors d'une discussion avec l'intendante que ces deux dernières semaines on a servi deux fois du pain et du fromage aux jeunes filles de l'institution qu'il dirige.

"I find in settling accounts with **the housekeeper**, that a lunch, consisting of bread and cheese, has twice been served out to the girls during the past fortnight. How is this? I look over the regulations, and I find no such meal as lunch mentioned. **Who introduced this innovation? and by what authority?"**
"**I must be responsible for the circumstance,** sir," replied **Miss Temple**: "**the breakfast was so ill-prepared that the pupils could not possibly eat it;** and I dared not allow them to remain fasting[1] till dinner-time."
"Madam, allow me an instant. You are aware that **my plan** in bringing up these **girls is, not to accustom them to habits of luxury and indulgence**, but to render them hardy, patient, self-denying. Should any little accidental disappointment of the appetite occur, such as the spoiling of a meal, the under and the over-dressing of a dish, the incident ought not to be neutralized by replacing with something more delicate the comfort lost, thus pampering[2] the body and obviating the aim of the **institution.** [...]"
Mr Brocklehurst, standing on the hearth with his hands behind his back, majestically surveyed the whole **school**.

Charlotte Brontë, *Jane Eyre*, 1847, Penguin Classics.

1. *fasting* : le jeûne (*breakfast* : on rompt le jeûne) • 2. *pamper* : dorloter

Réponses aux questions de base

Vous remarquerez que les éléments de réponse sont justifiés par des extraits qui ne contiennent **pas de vocabulaire difficile**. Ils apparaissent en **gras** dans le texte.

En d'autre termes, il n'est pas nécessaire de comprendre tous les mots du texte pour pouvoir en dégager les éléments essentiels.

- ***Where?***

Il est question d'élèves (*pupils*), et même de filles (*girls*), de *school* et d'*institution* (école à caractère religieux ou orphelinat).

In a (boarding-)school.

- ***Who?***

La nature du texte, un dialogue, facilite la réponse. Deux personnages sont face à face : *I* et Miss Temple, la première à être nommée ; elle a pu modifier les menus de l'école, c'est donc qu'elle y travaille. *I* est identifié à la fin du texte : c'est Mr Brocklehurst ; il demande des comptes, c'est donc le directeur de l'institution. L'intendante (*the housekeeper*) est uniquement mentionnée.

There are two characters present: Mr Brocklehurst, called "sir", the manager of the school, and Miss Temple, called "madam", who works there. The housekeeper is only mentioned.

- ***When?***

Pas d'indication précise sur l'époque, mais la date de publication du roman, en plein XIXe siècle victorien, explique que les pensionnaires aient des repas si frugaux…

- ***What?***

Il s'agit d'une dispute entre les deux personnages.

• Son point de vue à lui : il juge qu'elle n'avait pas à prendre l'initiative de changer les repas (*Who introduced this innovation?),* qu'elle a contesté son autorité *(And by what authority?)* en habituant les jeunes filles à trop de confort (*not to accustom them to habits of luxury and indulgence*).

• Son point de vue à elle : elle reconnaît que c'est elle qui a changé les repas et en endosse la responsabilité (*I must be responsible*).

The two main characters are having an argument.

- ***Why?***

Miss Temple a jugé le repas trop mauvais (*so ill-prepared that the pupils could not possibly eat it*), c'est pourquoi elle a modifié les menus.

Because Miss Temple has changed the menus, which is not her business according to Mr Brocklehurst, who is the head of the school.

4 Comprendre les phrases complexes

■ Une fois identifié le sens de base qui permet de répondre aux questions générales, il faut parfois une analyse plus approfondie pour comprendre les phrases difficiles. Comment procéder ?

Exemple

You are aware that my plan in bringing up these girls is, not to accustom them to habits of luxury and indulgence, **but to render them hardy, patient, self-denying. Should any little accidental disappointment of the appetite occur, such as** the spoiling of a meal, the under and the over-dressing of a dish, **the incident ought not to be neutralized** by replacing with something more delicate the comfort lost, **thus** pampering the body and obviating the aim of the institution.

Charlotte Brontë, *Jane Eyre*, 1847, Penguin Classics.

Mots de liaison

Faites attention à l'**articulation des phrases** et repérez les principaux mots de liaison (**en gras noir**)pour construire le sens du texte.

→ *that* : complétive introduisant une explication
→ *but* : opposition
→ *should* + sujet + verbe = *if* + expression de la condition
→ *such as* (tel que) introduisant une série d'exemples
→ *thus* (ainsi) : expression de la conséquence

Pour exprimer le but, l'opposition, la condition

www.prepabac.com/media

Noyau de la phrase

Dans les phrases longues et complexes, retrouvez le noyau des phrases (**en bleu**), repérez le verbe, puis le sujet de chaque proposition.

You are aware that my plan is to render them hardy, patient, self-denying. Should any little accidental disappointment of the appetite occur, the incident ought not to be neutralized.

Des mots à connaître pour faire les exercices

the aim : le but
bring up : éduquer
chatter : le bavardage
the chill : le froid
dare : oser
deceive : tromper
a dish : un plat
fear : la crainte, la peur
involved : impliqué
a meal : un repas
a nightmare : un cauchemar
silly : stupide
stare : fixer du regard
thoughtful : pensif

Exercices d'application

1 Lisez cet extrait de *Pastoralia* puis répondez aux questions ci-dessous.

▸ corrigé p. 192

Morse began to run. In all probability **this** was silly. In all probability the girls were safe onshore, or, if not, help was already on its way, although certainly it was possible that the girls were not safe onshore and help was not on its way, and in fact it was even possible that the help that was on its way was **him**, **which** was worrisome, because **he** had never been good under pressure and in a crisis often stood mentally debating possible options with his mouth hanging open.

George Saunders, *Pastoralia,* first appeared in *The New Yorker,*
used by permission of the author, Riverhead Books, 2000.

1. Parmi les différents *that* de cet extrait, lequel est un pronom relatif ? Retrouvez son antécédent.
2. À quoi réfèrent les pronoms en gras ?
3. Entourez les conjonctions de coordination.
4. Soulignez la subordonnée de cause, la subordonnée de condition et la subordonnée de concession.
5. La proposition *if not* est elliptique. Reconstituez la proposition complète.
6. Quel est le sujet de *stood* ?

2 Lisez le texte ci-dessous sans vous inquiéter de ce que vous ne comprenez pas.

▸ corrigé p. 192

[Garvin] pulled the front of the muck-spattered jacket together and buttoned it against the chill that crept up his body from the water. This was typical of Lloyd, never on time, completely undependable**. Lloyd had never married, and seldom held a job over six months.** He lived carelessly, worked sloppily, didn't seem to have a care or ambition beyond the present moment.
Damn it! Can't he realize what I'm going through!

Garvin's face grew thoughtful. **Was Lloyd really the way he seemed**? Or was it a front that had been developed over the years? He recalled an incident that had taken place only a few weeks ago. **Lloyd was in the office and Mary had come in.** They had just bought this property and were involved in all the plans for the new house.
Garvin remembered how Lloyd sat quietly on the corner of the desk, listening to Mary's excited chatter about materials and colors and landscaping, and Ray's plans for the monorail for the boat.

Richard Hardwick, *High Tide*, © 1963 by H. S. D. Publications, Inc. from *Alfred Hitchcock's Noose Report*, Dell Publishing Co., 1966, D.R.

1. Dans les phrases en gras de ce texte, encadrez le verbe et soulignez le sujet de chaque proposition principale.
2. Faites un slash (/) pour séparer le flash-back de la description de la scène proprement dite, et soulignez le(s) verbe(s) qui l'introdui(sen)t.
3. Expliquez en deux phrases ce dont parle le texte.

3 Lisez cet extrait de *Charlie and the Chocolate Factory* puis répondez aux questions ci-dessous.

corrigé p. 193

"Happy birthday!" cried the four old grandparents, as Charlie came into their room early the next morning.
Charlie smiled nervously and sat down on the edge of the bed. He was holding his present, his only present, very carefully in his two hands. WONKA'S WHIPPLE-SCRUMPTIOUS FUDGEMALLOW DELIGHT, it said on the wrapper[1].
The four old people, two at either end of the bed, propped themselves up on their pillows and stared with anxious eyes at the bar of chocolate in Charlie's hands.
Mr and Mrs Bucket came in and stood at the foot of the bed, watching Charlie.
The room became silent. Everybody was waiting now for Charlie to start opening his present. Charlie looked down at the bar of chocolate. He ran his fingers slowly back and forth along the length of it, stroking it lovingly, and the shiny paper wrapper made little sharp crackly noises in the quiet room.

Then Mrs Bucket said gently, "You mustn't be too disappointed, my darling, if you don't find what you're looking for underneath that wrapper. You really can't expect to be as lucky as all that."
"She's quite right," Mr Bucket said.
Charlie didn't say anything.
"After all," Grandma Josephine said, "in the whole wide world there are only three tickets left to be found."
"The thing to remember," Grandma Georgina said, "is that whatever happens, you'll still have the bar of chocolate."

Roald Dahl, *Charlie and the Chocolate Factory*, © Roald Dahl, 1964, 1985, Penguin Books, 1964.

1. *the wrapper* : le papier d'emballage

1. Say how many characters are present and give their names where possible.
2. What day is it?
3. Sum up what is happening in one sentence.

1 Morse began to run. In all probability **this** was silly. In all probability the girls were safe onshore, or, ***if not***, help was already on its way, ***although*** certainly it was possible that the girls were not safe onshore and help was not on its way, and in fact it was even possible that the help that was on its way was **him**, **which** was worrisome, ***because*** **he** had never been good under pressure and in a crisis often stood mentally debating possible options with his mouth hanging open.

1. *the help* ***that*** *was on its way* → antécédent de *that* = *help*
2. ***this*** *: beginning to run* • ***him*** *: Morse* • ***which*** *: the fact that the help that was on its way was him* • ***he*** *: Morse*
3. Les conjonctions de coordination sont en **rouge** dans le texte ci-dessus.
4. subordonnée de **cause** : ***because*** *he had never been good under pressure and in a crisis often stood mentally debating possible options with his mouth hanging open*

subordonnée de **condition** : ***if*** *not*

subordonnée de **concession** : ***although*** *certainly it was possible that the girls were not safe onshore and help was not on its way*

5. *if not* → *if the girls were not safe onshore*
6. sujet de *stood* : **he** (**had never been good** under pressure **and** in a crisis **often stood**)

2 1. (Garvin) pulled the front of the muck-spattered jacket together and buttoned it against the chill that crept up his body from the water.

Lloyd had never married, and seldom held a job over six months.

Was Lloyd really the way he seemed?

Lloyd was in the office and Mary had come in.

2. Verbes introduisant le flashback : *recalled, remembered.* Le flash-back commence à : *Lloyd was in the office…*
3. Garvin semble au départ dans une situation difficile (*Can't he realize what I'm going through! / against the chill that crept up his body from the water* : ce n'est pas une position normale que d'être dans l'eau glacée) dont l'issue favorable dépend d'un dénommé Lloyd.

Or, à la réflexion, Lloyd ne semble être ni fiable (*He lived carelessly, worked sloppily, didn't seem to have a care or ambition*), ni sincère (*Was Lloyd really the way he seemed?*), comme en témoigne un événement récent qui s'est déroulé avec Mary, vraisemblablement la femme de Marvin.

On note dans cet extrait l'emploi d'un *past perfect* avant le flash-back (*had never married*), mais celui-ci est juste la mention d'un événement antérieur. On note aussi à l'intérieur du flash-back l'emploi du prétérit (*sat*), comme si le personnage revivait l'anecdote au moment où elle est décrite. Il s'agit là d'une technique d'écriture visant à rendre la scène plus présente.

3 1. There are **seven** characters:
- Charlie,
- two grand-fathers and two grand-mothers called Georgina and Josephine *(The four old people, two at either end of the bed),*
- his father Mr Bucket, his mother Mrs Bucket *(Mr and Mrs Bucket came in…).*

Bucket n'est pas le nom des grands-parents, puisque le couple entre dans la chambre alors que les quatre grands-parents sont au lit. Ils appellent Charlie *darling*, on comprend que c'est leur fils.

2. It is Charlie's birthday (*Happy birthday!*).

3. L'information essentielle du texte est le cadeau d'anniversaire original : une barre chocolatée. On comprend que celle-ci peut renfermer un ticket et que (même si on ne sait pas pourquoi) ce serait merveilleux que Charlie en ait un.
For his birthday, Charlie is given a bar of chocolate which might enclose a ticket.

25 Comprendre l'implicite

■ La compréhension détaillée permet d'entrer dans l'**implicite** du texte et de l'interpréter. Elle suscite des questions plus précises sur des événements ponctuels, sur le vocabulaire, sur la psychologie des personnages.

■ Une attention particulière doit être portée sur les outils grammaticaux et stylistiques employés par l'auteur. Ces **indices linguistiques** permettent eux aussi de construire une interprétation.

■ **Les exemples seront donnés à partir du texte suivant :**

You can sniff an atmosphere straight away, you know when something funny's going on. Off duty? Maybe, maybe not. I sat at a table by the window. The shower had turned into a downpour. A waitress with a strange, hounded look seemed only too pleased to serve me. Three tables along, a big man (Marco? – I'll never know) was standing, towering over a girl who was sitting facing me but not looking at me, looking hard at her hands, one of which held a just-lit cigarette. The big man was speaking – under his breath but as if he might suddenly bellow – and she was ignoring what he was saying. He jabbed a finger towards the door. She wore a raincoat – unbuttoned, dry – but looked like she didn't mean to budge. He wore a grubby T-shirt, a tea towel tucked into his belt.

Graham Swift, *The Light of Day*, Hamish Hamilton, 2003

1 Comprendre le sens des mots

■ **L'inférence**

Au bac, on vous demande de traduire des mots en anglais ou de trouver des synonymes. Ces questions sont souvent utiles pour comprendre des passages plus longs.

Si vous n'avez jamais rencontré les mots demandés, vous pouvez en trouver le sens par **inférence**. Inférer, c'est déduire le sens des mots en fonction de leur construction (voir page 156) et du contexte.

- **Question 1**

1. In this text, find a translation for:

a. meugler, brailler : … b. torchon à vaisselle : …

- **Question 2**

2. In this text, find a synonym for:

a. pointed at : …. b. to move : …

➲ Procédez par élimination en prenant en compte la catégorie grammaticale des mots et leur contexte.

- **Réponse 1**

a. « meugler », « brailler »

→ catégorie grammaticale : verbe

→ contexte : est situé non loin de *speak* dans le passage, et utilisé dans le même contexte → ***bellow***

b. « torchon à vaisselle »

→ catégorie grammaticale : nom

→ contexte : *tucked into his belt* : accroché à la ceinture, comme on le voit dans tous les cafés et restaurants → ***tea towel***

- **Réponse 2**

a. *pointed at* → ***jabbed towards***

Le mot est proposé au prétérit, il faut donc chercher la même forme. D'autre part la présence du mot *finger* non loin de *jabbed* est un bon indice.

b. *move* → ***budge*** (mot transparent : bouger)

Les référents

Il s'agit de trouver à qui ou à quoi se réfèrent des pronoms (personnels, relatifs…), c'est-à-dire quels mots ou groupes de mots ils remplacent.

➲ En cas d'hésitation, reprenez toujours le terme qui précède **le plus directement** le pronom.

- **Question 3**

Who or what do the underlined words refer to?

a. you know when something funny's going on: …
b. looking hard at her hands: …
c. one of which held: …

Faites toujours attention :
- au statut (in)**animé** : *it(s)* ou *which* impliquera un référent inanimé, contrairement à *who* ;
- au genre : *him, his* impliquent un référent **masculin**, contrairement à *her(s)* ;
- au nombre : *them, their(s)* impliquent un référent **pluriel.**

- **Réponse 3**

you → *the reader / someone like the narrator*
her → *a girl* (surtout pas *a waitress* : il s'agit d'une autre personne)
which → *one of her hands*

2 Interpréter le texte

Certains éléments qui font le sens du texte ne sont pas nécessairement « explicités », écrits noir sur blanc : on dit qu'ils sont implicites.

La scène et ses événements

Le travail d'inférence opéré sur les mots permet de dégager le sens de passages plus larges du texte. Ce travail est nécessaire pour avoir accès à l'implicite du texte.

- **Question 4**

True or false? Justify.
– Outside, the weather is sunny and bright.
– The waitress seems quite comfortable working there.

- **Question 5**

– *Where is the scene located?*
– *What job may the narrator have?*
– *Who may "the big man" be?*

Il s'agit de repérer l'élément porteur de la réponse et d'en tirer une conclusion en rapport avec la question posée.

Réponse 4

• L'élément porteur de sens est *shower*, ici au sens d'« averse » et non de « douche » (voir le contexte : pourquoi une douche dans un café ?), associé à *downpour* (déluge). ***False.***

• L'élément porteur de sens est *hounded*, dérivé de *hound*, traquer / chasser, que l'on retrouve dans *a hound*, un chien de chasse ; associé à *strange* et à *seemed only too pleased to serve me*, il montre que la serveuse n'a pas l'air à l'aise. ***False.***

Réponse 5

• Les indices sont : ***a table, three tables, a waitress*** (une serveuse).
It is located ***in a bar*** */ café.*

– L'élément porteur de la réponse est ***off duty***, « pas en service / pas de garde », terme qui s'applique à un soldat, un médecin, un policier. Associé à l'idée que le narrateur est capable de flairer – ***sniff*** – si quelque chose ne va pas, il entraîne cette réponse :
He may be ***a policeman*** */ police officer / an investigator / a detective.*

• Nous sommes dans un café. *The big man* est un homme qui travaille là (il a un torchon à vaisselle coincé sous la ceinture) et qui est en position de mettre à la porte une jeune femme.
He must be the ***boss****. He may be* ***Marco****.*

Les sentiments des personnages

Il y a toujours dans l'épreuve du bac des questions de compréhension qui engagent une interprétation de la psychologie des personnages. Vous devez donc vous constituer un lexique de base des sentiments que vous réviscrez et augmenterez.

Certaines questions, plus faciles, vous proposent un choix d'adjectifs. D'autres vous demandent de les fournir pour caractériser un personnage.

Question 6

What are the big man's and the girl's feelings? Choose the appropriate adjectives: rebellious – authoritarian – compliant – furious – forgiving

Réponse 6

The big man: ***authoritarian*** *–* ***furious*** *(towering over a girl, under his breath as if he might suddenly bellow, He jabbed a finger towards the door)*

The girl: ***rebellious*** *(looking hard at her hands, she was ignoring what he was saying, looked like she didn't mean to budge)*

- **Question 7**

What may have happened before the narrator arrived?

- **Réponse 7**

Reprenons les éléments : nous sommes dans un café, où le patron semble indiquer la porte à une jeune fille, peut-être une cliente qui ne veut pas payer ou une serveuse qu'il met dehors. Celle-ci refuse de l'écouter et reste assise à une table, comme si elle voulait être à présent servie.

The girl may have made a mistake in her job / the boss may have misbehaved towards (done something wrong to) her and now he wants to fire / sack her.

Pour exprimer ses sentiments

www.prepabac.com/media

Des mots à connaître

admiration (admiring) : l'admiration
amazement (amazed) : la stupéfaction
anger (angry) : la colère
authority (authoritarian) : l'autorité
bravery (brave) : la bravoure
cowardice (coward) : la couardise
determination (determined) : la détermination
diffidence (diffident) : le manque de confiance en soi
disrespect (disrespectful) : le manque de respect
embarrassment (embarrassed) : l'embarras
fright, fear (frightened, fearful) : la peur
greed (greedy) : l'avidité, l'avarice
guilt (guilty) : la culpabilité
hope (hopeful) : l'espoir
jealousy (jealous) : la jalousie
obstination (obstinate) : l'obstination
pain (painful) : la douleur
pleasantness (pleasant) : le caractère agréable
pride (proud) : la fierté
rebellion (rebellious) : la rébellion
relief (relieved) : le soulagement
reluctance (reluctant) : la réticence
respect (respectful) : le respect
responsibility (responsible) : la responsabilité
scorn (scornful) : le mépris
self-confidence (self-confident) : l'assurance
selfishness (selfish) : l'égoïsme
stubbornness (stubborn) : l'entêtement
success (successful) : la réussite
upheaval (upset) : le bouleversement
weakness (weak) : la faiblesse
wit (witty) : l'esprit

Exercices d'application

1 Lisez le texte suivant puis répondez aux questions.

▸ corrigé p. 202

I think I'm a good librarian. I love books, and the people who read them, and if it makes me intolerant of the video and computer age, it doesn't matter much in here. Paul was embarrassed by my job. It didn't fit in with his Creative Director image at dinner parties. He'd rather I had either stayed at home, and then he could continue to make jokes about me being the last housewife in captivity; or else that I had found some trendy, highly-paid job in the media. When I pointed out that I did work in the media, it just wasn't highly paid, he would look afflicted[1].

I've always been addicted to the printed word. A former headmistress once said, "If Constance had nothing else to read, she'd read the label[2] on a jam jar!"

She meant to be scathing[3], and the other girls tittered sycophantically[4], but I thought she was being silly. You could learn a lot from the labels on jam jars…

Adapted from Angela Lambert, *Love Among the Single Classes,* Bodley Head, London, 1989

1. *afflicted* : peiné • 2. *a label* : une étiquette • 3. *scathing* : cinglant • 4. *sycophantically* : obséquieusement

1. Find an expression meaning:

a. it has no importance: …
b. a woman who looks after her house: …
c. fashionable: …
d. to laugh stupidly: …

2. Who / what do the following underlined words refer to?

a. the people who read <u>them</u>: …
b. <u>It</u> didn't fit in with <u>his</u> Creative Director image: … / …
c. <u>she</u>'d read the label: …
d. <u>You</u> could learn a lot: …

3. True or false? Justify.

a. The narrator is a woman.

☐ True ☐ False Justification: ....

b. Paul would have liked the narrator to work in the media.

☐ True ☐ False Justification: ....

c. Paul considered being a librarian as a job in the media.

☐ True ☐ False Justification: ....

d. The narrator has not always been fond of reading.

☐ True ☐ False Justification: ....

4. a. What tone must the mistress have used when she pronounced these words: "If Constance had nothing else to read, she'd read the label on a jam jar!"?

b. How did the rest of the class react?

c. How did the narrator feel?

2 Lisez le texte suivant puis répondez aux questions.

▸ corrigé p. 202

Sam landed[1] a job as overseas sales director for a shipping company which took us in turn to Hong Kong, Australia and South Africa. They were good times, and I came to understand why black sheep are so often sent abroad by their families to start again. It does wonders for the character to cut emotional ties that bind you to places and people. We produced two sons who grew like saplings[2] in the never-ending sunshine and soon towered[3] over their parents, and I could always find teaching jobs in whichever school was educating them.

As one always does, we thought of ourselves as immortal, so Sam's coronary at the age of fifty-two came like a bolt from the blue. With doctors warning of another one being imminent if he didn't change a lifestyle which involved too much travelling, too much entertaining of clients and too little exercise, we returned to England in the summer of '99 with no employment and a couple of boys in their late teens who had never seen their homeland.

Minette Walters, *The Shape of Snakes*, © Macmillan, 2000.

1. *land* : trouver • 2. *saplings* : de jeunes arbres • 3. *tower* : dépasser par la taille

1. Find an expression meaning...

a. People who are different from the others: ...

b. All of a sudden: ...

c. Where you have your roots / origins: ...

2. Who / what do the following underlined words refer to?

a. It does wonders for the character to cut emotional ties that bind you to places and people...

b. I could always find teaching jobs in whichever school was educating them...

c. With doctors warning of another one being imminent...

d. we returned to England

1 1. a. it has no importance: **it doesn't matter**
b. a woman who looks after her house: **a housewife**
c. fashionable: **trendy**
d. to laugh stupidly: **to titter**
Pensez à regarder la catégorie grammaticale des mots demandés.

2. a. the people who read them: **books**
b. It didn't fit in with his Creative Director image: **my job / Paul** (the narrator's husband)
c. she'd read the label: **Constance**, the narrator
d. You could learn a lot: everybody, **people**

3. a. The narrator is a woman.
True: *He'd rather I had either stayed at home, and then he could continue to make jokes about me being the last housewife in captivity…* (*I* est associé à *housewife*)
b. Paul would have liked the narrator to work in the media.
True: *He'd rather […] I had found some trendy, highly-paid job in the media.*
c. Paul considered being a librarian as a job in the media.
False: *When I pointed out that I did work in the media […] he would look afflicted / He'd rather […] I had found some trendy, highly-paid job in the media.*
d. The narrator has not always been fond of reading.
False: *I've always been addicted to the printed word.*

4. a. She must have been scornful / contemptuous / despising / scathing.
b. They were amused because they tittered. They laughed at / made fun of her.
c. She felt detached from / indifferent to / superior to their teasing.

2 1. a. People who are different from the others: **black sheep**
b. All of a sudden: **like a bolt from the blue**
c. Where you have your roots / origins: **homeland**
2. a. It does wonders for the character to cut emotional ties that bind you to places and people…
it: **to cut emotional ties** that bind you to places and people • you: **the reader / anybody**
b. I could always find teaching jobs in whichever school was educating them…: **(our) two sons**
c. With doctors warning of another one being imminent…: **a coronary**
d. we returned to England: **Sam, our two sons and the narrator**

26 Traiter un sujet d'imagination

■ On vous demande dans ce type de sujet de partir du texte pour élaborer une suite, une page de journal intime, une lettre, ce qui implique d'en avoir bien compris les éléments essentiels afin d'y faire référence, sans recopier le texte (voir page 183).

■ Voici quelques-unes des **consignes** les plus fréquentes.

Imagine a sequel to this story.	Imaginez une suite à cette histoire.
Imagine (that)…. Write what the character does afterwards.	Imaginez que… Écrivez ce que le personnage fait ensuite.
Imagine the same scene seen through …'s eyes.	Imaginez la même scène vue par…
Write the letter the narrator writes to…	Rédigez la lettre que le narrateur écrit à…
That night, the narrator writes in his diary.	Cette nuit-là, le narrateur écrit dans son journal intime.
Write a text in the same manner about…	Rédigez à la manière de (auteur) un texte à propos de…
Ten years later, the main character meets… Imagine their conversation.	Dix ans plus tard, le personnage principal rencontre… Imaginez leur conversation.

Pour le vocabulaire des consignes, voir page 177.

1 Écrire une suite ou « à la manière de… »

Exemple commenté

There was something mysterious in the air that morning. Nothing was done in its regular order and several of the native servants seemed missing, while those whom Mary saw slunk or hurried about with ashy and scared faces. But no one would tell her anything and her Ayah did not come. She was actually left alone as the morning went on, and

> at last she wandered out into the garden and began to play by herself under a tree near the veranda. She pretended that she was making a flower-bed, and she stuck big scarlet hibiscus blossoms into little heaps of earth, all the time growing more and more angry and muttering to herself the things she would say and the names she would call Saidie when she returned. [...] She was grinding her teeth [...] when she heard her mother come out on the veranda with someone.
>
> Frances H. Burnett, *The Secret Garden*, 1909.

Imagine a sequel to this text.

Sélectionner les éléments utiles à votre récit

- L'histoire est ici focalisée sur un personnage féminin, plus précisément une enfant (elle joue seule dans le jardin avec les fleurs).
- L'histoire se passe dans un pays lointain (le terme *Ayah* désigne une servante d'origine indienne / fleurs exotiques : *big scarlet hibiscus blossoms*).
- Ce qui va se produire est inhabituel : un changement va avoir lieu *(something mysterious in the air)*, qui sera annoncé à la fille par sa mère (déménagement, événement...).
- Le personnage *(someone)* qui accompagne la mère dans la véranda *(when she heard her mother come out on the veranda with someone)* devra être décrit dans les premières lignes de votre expression et jouera un rôle dans l'événement annoncé à la fillette.
- L'état d'esprit de la fillette (en colère, voire furieuse parce qu'on ne lui dit rien : *But no one would tell her anything*) aura certainement une influence sur sa réaction en entendant la nouvelle.

Rester fidèle au style de l'auteur

Dans toutes les productions où l'on vous demande d'imaginer la suite de l'histoire, il vaut mieux rester fidèle, dans la mesure du possible, au **style de l'auteur**. Veillez notamment à utiliser le même temps, à garder la même proportion de discours direct ou rapporté et le même point de vue narratif (omniscient / focalisé sur un des personnages...), à développer la psychologie interne de certains personnages, à être cohérent avec ce qui précède.

➩ Un narrateur **omniscient** sait tout ce qui se produit, même s'il ne porte pas toutes les informations à la connaissance du lecteur. La narration peut être **focalisée** sur un personnage, si le narrateur, externe à l'histoire, raconte ce qui se passe du point de vue d'un de ses personnages.

Rester cohérent

En traitant un sujet d'imagination, vous devez aussi veiller à proposer une fin vraisemblable : évitez les fins saugrenues, et, à moins que le texte d'origine ne l'autorise, le recours au surnaturel !
Rédigez un texte **qui forme un tout** débouchant sur quelque chose : le lecteur doit avoir le sentiment que vous avez terminé.

2 Écrire un dialogue

■ Évitez (sauf indication contraire) d'écrire votre dialogue en mettant uniquement le nom du locuteur suivi d'un tiret, comme dans une scène de théâtre. Rédigez des phrases pour amorcer le discours, lui donner un contexte : donnez des indications spatiales, temporelles, sur ce qui se passe.

■ Variez les verbes introducteurs : *say / tell / reply / retort / snort / ask / answer*… (voir page 132).

*When he **asked** me if I had enjoyed the film I **retorted** that I had never seen anything so stupid and **told** him that next time I would choose what film to watch.*
Quand il me demanda si j'avais aimé le film, je répliquai que je n'avais jamais rien vu d'aussi stupide et lui dis que la prochaine fois, c'est moi qui choisirais quel film on regarderait.

■ Accompagnez-les d'adverbes (*lovingly / suspiciously / kindly / ruefully / sadly*…).

*He **lovingly** put his hand on her shoulder.*
Il posa amoureusement sa main sur son épaule.

■ Faites attention au niveau de langue, par exemple évitez les américanismes (*wanna, gonna*…) dans un dialogue entre deux Britanniques.

■ Commentez les actions des personnages, leurs déplacements *(as he stood up / staring at her...)*.

➲ Pour rendre votre dialogue plus vivant, utilisez les *tags* (voir page 84).
You'll come, won't you?
Tu viendras, hein ?

➲ Veillez à la ponctuation. Contrairement au français, le discours direct en anglais est encadré par des **guillemets** ("...").
As he stood up, John saw that his daughter was about to tell him something.
"Is there anything you forgot to tell me, Lucy?" he asked.
"Yes, Dad," she replied, looking down. She looked rueful. "It's just that..."

3 Écrire une lettre, un journal intime

■ La lettre

Présentez-la comme une vraie lettre avec le nom du destinataire, la date et la signature.

- Début (du plus au moins formel)
  Dear Sir / Madam... / Dear... / Dearest...
- Fin (du plus au moins formel)
  Yours faithfully / Best regards / Looking forward to hearing from you / Love

➲ N'oubliez jamais que votre **destinataire est une personne.** Évitez le monologue. Dialoguez avec la personne à qui vous écrivez pour avoir des conseils, son avis...
Dear Alice,
In your last letter, you told me about that old friend of yours that you had met by chance in a street in York. Well, the same thing happened to me yesterday!...

■ Le journal intime

Comme pour une lettre, vous devez écrire la date, et commencer par *Dear Diary*. Le journal intime, auquel on se confie, peut en effet être considéré comme un destinataire imaginaire. On lui fait part de ses interrogations, de ses doutes, et on lui livre ses réactions.

4 Écrire un article de journal

■ La présentation doit correspondre à celle d'un article **authentique**.

■ Le style journalistique se caractérise par des paragraphes courts, allant de l'information générale aux détails de l'événement.

- Titres : en général, ils sont écrits en style « télégraphique » : déterminants et auxiliaires omis, verbe au présent simple ou au participe passé.
- Fin : mettez le nom du journal, du journaliste, et la date.

BABY FOUND IN CAR PARK

[Pour : **A** baby **was** found in **a** car park]

by Paul Johnson

Yesterday, a baby was discovered in a car park.
A lady, who was just walking across Hampton car park, in Holborn, heard someone whimpering. As she looked where the sound came from, she discovered a baby in a trolley.

The Foggy-Bottom Daily, 12 Apr. 2006.

Pour parler de la presse et du sport

www.prepabac.com/media

Des mots à connaître pour faire les exercices

amazed : stupéfait
the area : la surface de réparation
be aware of : être conscient de
a blade : une lame
call sb names : insulter qqn
a change : un changement
the cheek : la joue
the crowd : la foule
discover : découvrir
a groan : un gémissement
a hush : un silence
ill : malade
meaningful : significatif
a notice : un petit panneau
obvious : évident
occur : venir à l'esprit de qqn
(it occurs to me that...)
pretend : faire semblant
a referee : un arbitre
a roar : un rugissement
score : marquer un but
set out to + V : se mettre à + inf.
a suitcase : une valise
a trick : un tour
wander : errer

Exercices d'application

1 Lisez le texte ci-dessous puis répondez aux questions en soulignant à chaque fois un élément justifiant votre réponse.

corrigé p. 212

Billy Weaver vient d'arriver à la gare de Bath. Il demande à un porteur l'adresse d'un hôtel…

"Excuse me," he said, "but is there a fairly cheap hotel not too far away from here?"
"Try The Bell and Dragon," the porter answered, pointing down the road. […]
Billy thanked him and picked up his suitcase and set out to walk the quarter -mile to The Bell and Dragon. He had never been to Bath before. […]
Billy was seventeen years old. He was wearing a new navy-blue overcoat, a new brown trilby hat[1], and a new brown suit, and he was feeling fine. He walked briskly[2] down the street. He was trying to do everything briskly these days. Briskness, he had decided, was the one common characteristic of all successful businessmen. […]
There were no shops on this wide street that he was walking along, only a line of tall houses on each side, all them identical. They had porches and pillars[3] and four or five steps going up to their front doors, and it was obvious that once upon a time they had been very swanky[4] residences. But now, even in the darkness, he could see that the paint was peeling[5] from the woodwork on their doors and windows, and that the handsome white façades were cracked and blotchy[6] from neglect.
Suddenly, in a downstairs window that was brilliantly illuminated by a street-lamp not six yards away, Billy caught sight of[7] a printed notice propped up[8] against the glass in one of the upper panes[9]. It said BED AND BREAKFAST. There was a vase of yellow chrysanthemums, tall and beautiful, standing just underneath the notice.
He stopped walking. He moved a bit closer.

Roald Dahl, *The Landlady*, 1959, © Roald Dahl, in *Kiss Kiss*, Michael Joseph, 1960.

1. *a trilby hat* : un (chapeau en) feutre • 2. *briskly* : d'un bon pas, vivement • 3. *a pillar* : un pilier • 4. *swanky* : chic • 5. *peel* : s'écailler • 6. *blotchy* : couvert de taches • 7. *catch sight of* : apercevoir • 8. *propped up* : appuyé • 9. *a pane* : une vitre

1. Quel est le type de narration ?
- ☐ omnisciente ☐ interne
- ☐ focalisée sur Billy ☐ détachée de Billy

2. Quel rôle joue la description dans ce passage ?
- ☐ important ☐ inexistant

3. Quelle image de Billy avez-vous ?
- ☐ perdu ☐ dépressif
- ☐ dynamique ☐ opportuniste
- ☐ jeune ☐ vieux
- ☐ optimiste ☐ pessimiste

4. Le sujet à traiter est : *Imagine a sequel to the text.* Par quoi va commencer votre devoir ?
- ☐ un dialogue ☐ une description ☐ la réaction de Billy

5. Billy cherchait-il à loger dans un B&B (bed and breakfast) au début du texte ? Qu'en déduisez-vous pour votre suite de texte ? À votre avis, Billy va-t-il entrer dans le B&B ? Pourquoi ? Trouvez une justification dans le texte.

6. Un dialogue peut-il être envisagé dans la suite à imaginer ? Pourquoi ?

2 Lisez le texte ci-dessous et répondez aux questions.

▸ corrigé p. 212

In May '68 […], just after my eleventh birthday, my father asked me if I'd like to go with him to the FA Cup Final between West Brom and Everton; a colleague had offered him a couple of tickets. I told him that I wasn't interested in football, not even in the Cup Final. […] My father tried again with the football that September, and he must have been amazed[1] when I said yes. I had never before said yes to any suggestion of his, although I rarely said no either. […]
1968 was, I suppose, the most traumatic[2] year of my life. After my parents' separation we moved into a smaller house, but for a time, because of some sort of chain, we were homeless[3] and had to stay with our neighbours; I became seriously ill with jaundice[4]; and I started at the local grammar school. […]
I don't recall[5] much about the football that first afternoon. One of those

tricks of memory enables me to see the only goal clearly: the referee awards a penalty (he runs into the area, points a dramatic finger, there's a roar); a hush as Terry Neill takes it, and a groan as Gordon Banks dives[6] and pushes the ball out; it falls conveniently at Neill's feet and this time he scores. But I am sure this picture has been built up from what I have long known about similar incidents, and actually I was aware of none of this. All I really saw on the day was a bewildering[7] chain of incomprehensible incidents, at the end of which everyone around me stood and shouted. If I did the same, it must have been an embarrassing ten seconds after the rest of the crowd.

But I do have other, more reliable[8], and probably more meaningful memories. I remember the overwhelming[9] *maleness*[10] of it all – cigar and pipe smoke, foul language (words I had heard before, but not from adults, not at that volume), and only years later did it occur to me that this was bound to have an effect on a boy who lived with his mother and his sister; and I remember looking at the crowd more than at the players.

Nick Hornby, *Fever Pitch*, © 1992 by Nick Hornby,
First published by Victor Gollancz Ltd, 1992, D.R.

1. *amazed* : surpris • 2. *traumatic* : traumatisant • 3. *homeless* : sans domicile • 4. *jaundice* : jaunisse • 5. *recal* : se rappeler • 6. *dive* : plonger • 7. *bewildering* : ahurissant • 8. *reliable* : fiable • 9. *overwhelming* : écrasant • 10. *maleness* : masculinité

1. Le type de narration est-il... ?

☐ omniscient ☐ à focalisation externe
☐ à focalisation interne ☐ autobiographique

2. Au moment du match, quel est l'état d'esprit général du narrateur ?

☐ plutôt bon ☐ plutôt mauvais

Justifiez votre choix en vous référant au texte.

3. Quelle relation le narrateur semble-t-il entretenir avec son père ?

☐ très proche ☐ distante

4. Le match de football va-t-il les rapprocher ou les éloigner ? Pourquoi ?

5. Le sujet est : *Many years later, the narrator finds his diary. Imagine the diary page for that day.* **Par quoi devra commencer votre devoir ?**

6. Les événements suivants, mentionnés par le narrateur, se sont-ils réel-

lement déroulés ? Pourront-ils être utilisés dans votre suite de texte ?

a. Terry Neill scores a goal. ☐ oui ☐ non
b. The goal was scored after a penalty. ☐ oui ☐ non
c. The narrator shouted after the goal was scored. ☐ oui ☐ non
d. The adults used rude words, insults. ☐ oui ☐ non
e. The narrator spent most of his time watching the crowd. ☐ oui ☐ non

7. Quel temps doit être utilisé dans le journal intime pour raconter ce qui s'est passé pendant le match ?

8. Quelles structures allez-vous utiliser ?

☐ Expression du souhait
☐ Formes passives
☐ Expression de la surprise
☐ Exclamations
☐ Conseil

9. Quelle fin pouvez-vous proposer à la page de journal intime ?

1 1. Omnisciente, focalisée sur Billy.
Briskness, he had decided, was the one common characteristic of all successful businessmen.
2. Important.
They had porches and pillars and four or five steps going up to their front doors, and it was obvious that once upon a time they had been very swanky residences / that the paint was peeling from the woodwork on their doors and windows, and that the handsome white façades were cracked and blotchy from neglect.
3. Dynamique, opportuniste, jeune, optimiste.
Billy was seventeen years old. He was wearing a new navy-blue overcoat, a new brown trilby hat, and a new brown suit, and he was feeling fine. He walked briskly down the street. He was trying to do everything briskly these days. Briskness, he had decided, was the one common characteristic of all successful businessmen.
4. Une description (il se rapproche de la fenêtre, ce qui permet une description plus précise de ce qu'il va y voir).
Billy caught sight of a printed notice propped up against the glass in one of the upper panes. [...] He moved a bit closer.
5. Non, dans un hôtel : *...is there a fairly cheap hotel?*
On peut en déduire qu'il va connaître une hésitation : doit-il rester sur son idée première ou aller dans ce B&B ? Il y aura description des sentiments de Billy.
6. Oui. Quand il est face au porteur, il y a bien dialogue : *"Try The Bell and Dragon," the porter answered...* Donc rien n'exclut un dialogue avec le ou la propriétaire du B&B.
Pour savoir comment se termine cette célèbre nouvelle de Roald Dahl :
http://www.teachingenglish.org.uk/download/britlit/landlady/landlady.shtml

2 1. À focalisation interne / autobiographique.
2. Plutôt mauvais. Ses parents se sont séparés, il a eu la jaunisse, il s'est retrouvé hébergé chez des voisins.
3. Distante. / Incompréhension mutuelle. Ils ne vivent pas ensemble et jusque là ne partagent pas les mêmes centres d'intérêt.
4. Il semble que le match de football va les rapprocher, sinon l'auteur ne jugerait pas utile de mentionner ce passage de sa vie.
5. *(...th) September, 1968. Dear Diary,...*

6. Les événements suivants se sont réellement déroulés :

a. *Terry Neill scores a goal.*

d. *The adults used rude words, insults.*

e. *The narrator spent most of his time watching the crowd.*

Ce sont ces éléments qui devront figurer en priorité dans votre récit.

7. Le prétérit, mais le *present perfect* ou le *past perfect* pourront être employés pour faire le bilan : *I had never thought a football match would be so exciting!*

8. Exclamations : *How incredible! What foul language the adults around me used!* Expression de la surprise.

9. Expression du souhait ou du regret :

I hope Daddy will soon take me to another match.

I wish I hadn't said no last time.

Touche d'optimisme concernant les relations avec le père : *I am so happy because I feel closer to Daddy than at any other time.*

27 Traiter un sujet de réflexion

■ Les sujets de réflexion s'appuient sur votre opinion ou votre expérience personnelles. Pour développer votre opinion, vous devez la fonder sur des **arguments** logiquement articulés, mais aussi fournir des exemples précis qui illustrent votre propos.

■ Voici quelques-unes des **consignes** les plus fréquentes.

Would you like to…?	Aimeriez-vous… ?
How can you account for…?	Comment pouvez-vous expliquer… ?
Do you think / consider…? Give your arguments and illustrate them with examples.	Pensez-vous que… ? Donnez vos arguments et illustrez-les par des exemples.
What is your idea of… / How do you picture…?	Comment vous imaginez-vous… ?
Referring to your own experience, relate how…	En vous référant à votre propre expérience, racontez comment…
To what extent is it…?	Dans quelle mesure est-ce… ?
Comment upon the following statement…	Commentez l'affirmation suivante.
What are the advantages and drawbacks of…?	Quels sont les avantages et les inconvénients de… ?
Would you be tempted to…?	Seriez-vous tenté(e) de… ?

Pour le vocabulaire des consignes, voir page 177.

➲ Traiter ce type de sujet nécessite de bien comprendre les termes de la question en analysant sa syntaxe (voir page 178) et d'organiser votre propos.

1 L'introduction

Dans l'introduction, vous devez analyser les termes du sujet, tenir compte de sa syntaxe et définir les mots clés.

■ Sujet d'opinion personnelle : ***What does the word "hero" mean to you? Give specific examples.***

Ce sujet, qui fait appel à votre opinion personnelle, interroge sur ce qu'est un héros : un Superman ; un quidam qui sauve des vies grâce à son courage ; un pompier qui brave les flammes quotidiennement ; un vétéran qui a survécu à des guerres sont-ils des « héros » ?
Vous devrez reformuler la question posée en plaçant le sujet dans un cadre plus général.

➲ Surtout ne commencez jamais par *Yes, I would like to…* Il ne s'agit pas dans l'introduction de répondre à la question posée. Quel serait alors l'intérêt du développement ?

■ Sujet d'expérience personnelle : ***During your school days, have you ever had a teacher who made you like a subject and gave you the desire to know more about it?***

Le vocabulaire vous aide à répondre : *school* (*school days* : scolarité), *a teacher* (un professeur, et non *a professor* qui enseigne à l'université), *make someone do something* (faire faire quelque chose à quelqu'un), *a subject* (faux ami : une matière)…
La formulation du sujet vous aide à limiter les fautes de grammaire dans les premières lignes de votre devoir. Faites notamment attention au temps utilisé dans la question, aux déterminants. Racontez ce qui s'est passé avec ce professeur au prétérit (*came, made*) puis faites un bilan au *present perfect (have had*).

■ Sujet d'opinion personnelle : ***Do you think mothers should stay at home or go out to work?***

Observez l'énoncé : il s'agit de définir le rôle des mères (*mothers*) et non des femmes. Le sous-entendu est clair : le rôle des femmes doit-il changer quand elles deviennent mères ?
Il ne s'agit pas de donner un point de vue général, mais bien le vôtre (*Do you think*).

L'emploi du modal *should* oriente le sujet vers ce qui serait préférable… pour qui ? Les mères ? Leurs enfants ? Leur mari ? La société ?

Introduction possible

In Western societies, the role of women has gradually evolved. Thanks to the part they played during the First and the Second World War when they worked in factories while their husbands were fighting, they have acquired more and more autonomy and independence. Nowadays, they can have access to the same jobs as men. Yet, they are often discriminated against because they may become pregnant (have children). From that moment on, should they keep their jobs or stay at home and be housewives?

2 Le développement

■ Comme en français, vous devez, une fois le sujet analysé, **mobiliser vos idées** : notez-les, en français d'abord, puis voyez comment les articuler. Faites aussi le point sur le lexique dont vous allez avoir besoin, celui que vous connaissez et que vous allez pouvoir employer.

■ Le développement peut être organisé, le plus souvent, en **deux parties**.

Adoptez de préférence dans la première partie le point de vue que trouvez le moins défendable, pour développer vos meilleurs arguments dans la deuxième partie.

Exemple : *Do you think mothers should stay at home or go out to work?* Si vous pensez que les mères de famille devraient garder leur travail (source d'épanouissement, revenu), ne développez pas ces arguments dans votre première partie pour expliquer dans la deuxième que le travail des femmes nuit aux enfants ou encore que c'est le rôle de la femme de rester à la maison ! Vous commencerez plutôt par dire que, certes, on peut trouver des avantages au fait que les mères ne travaillent pas mais à condition que cela corresponde à un choix de leur part.

■ Vous devez être lisible, soigner la ponctuation et articuler votre discours grâce à des mots de liaison. Voici quelques **mots de liaison** *(link words)* utiles pour structurer votre développement.

- **Pour introduire et exposer un plan**

first of all / to begin with : tout d'abord
then / next : ensuite
finally : finalement

- **Pour opposer deux arguments**

whereas / while : alors que
instead of + V-*ing* : au lieu de + inf.
on the one hand / on the other hand : d'un côté / d'un autre côté

- **Pour surenchérir**

besides : en outre
moreover / what's more : de plus

- **Pour exprimer la concession**

yet / however : cependant
nevertheless / nonetheless : néanmoins
although : bien que
even though / even if : même si

3 La conclusion

La conclusion reformule, sans les répéter, les arguments du développement. Vous pouvez déboucher sur une généralisation, un bilan d'expérience. Voici quelques **mots de liaison** *(link words)* utiles **pour conclure**.

to conclude : pour conclure
to sum up : pour résumer
on the whole : dans l'ensemble
in other words : en d'autres termes

Des mots à connaître

according to... : selon...
agree : être d'accord (I agree)
approve of : approuver
as far as I'm concerned : en ce qui me concerne
believe : croire
convinced : convaincu
differ with sb on... : ne pas être du même avis que qqn au sujet de...
disagree : ne pas être d'accord
disapprove of : désapprouver
it depends on : cela dépend de...
reckon : supposer
ridiculous / ludicrous : ridicule
share : partager
to my mind / in my view : à mon avis

Pour exprimer son opinion
www.prepabac.com/media

Exercices d'application

1 Lisez les sujets suivants puis répondez aux questions.

corrigé p. 220

1. How important are friends in your life? Develop your point and give examples.	
2. "We must forgive but not forget." Do you agree with this statement? Why / why not?	
3. Would you like to spend a year abroad? Why / why not?	
4. Have you ever passed a judgement too quickly and regretted it?	
5. "Clothes do not make the man." Discuss.	

a. **Mettez dans la colonne de droite les mots extraits de la liste ci-dessous s'ils vous paraissent utiles pour répondre aux questions.**
Contenu : expérience personnelle – opinion personnelle
Exemples : obligatoires – recommandés
Temps : présent simple – prétérit – *present perfect* – conditionnel – expression du futur

b. **Reprenez les termes de chacune des questions à la forme affirmative, puis négative**.

2 Complétez ce tableau avec les arguments que vous pourriez développer concernant le sujet suivant :

Ambition: what does this word mean to you?

corrigé p. 220

"Advantages" / good side of ambition: ....
"Drawbacks" / bad side of ambition: ....

3 **Voici un texte qui répond au sujet : *Do you think mothers should stay at home or go out to work?* (développement). Complétez-le en utilisant les mots de liaison suivants** :
instead of – to begin with – however – on the one hand – while – on the other hand – although – moreover – even though.

corrigé p. 221

.... , it is true to say that children benefit from their mothers' presence at home. It is a good thing for children to be looked after by their mothers. .... being alone when they come back from school, they can be helped with their homework, and this contributes to the creation of a strong link with one of the parents.
........., not all mothers are devoted housewives. Some women may choose to stay at home after the birth of their children .... some others will keep their jobs. ...., it is true that it may be better for the whole family to have a mother who stays at home, but .... , what benefit can there be if the mother is embittered by staying at home? ...., as a child, I would have preferred my mother to be a housewife, in the end, I am glad that she kept her job. ...., in most families, the money earned by women is necessary for a better standard of living. As far as I'm concerned, I am convinced that working is necessary for one's fulfilment, ... there are of course drawbacks to this situation.

1 a. 1. Expérience personnelle – exemples obligatoires – présent simple (prétérit si narration d'une anecdote)
2. Opinion personnelle – exemples recommandés – présent simple (prétérit si narration d'une anecdote)
3. Opinion personnelle – exemples recommandés – conditionnel
4. Expérience personnelle – exemples obligatoires – prétérit (anecdote)
5. Opinion personnelle – exemples recommandés – présent simple (prétérit si narration d'une anecdote)

b. 1. Friends are very important (count = matter) in my life. / Friends are not very important in my life.
How + adjectif : évaluation du degré, ici, d'importance.
2. I agree with this statement. / I don't agree (I disagree) with this statement.
agree : être d'accord
3. I would like to spend a year abroad. / I wouldn't like to spend a year abroad.
Réemployez *would* et non *will*, qui indiquerait une certitude vis-à-vis de votre avenir.
4. I have already passed a judgement too quickly. / I have never passed a judgement too quickly.
Ever, qui figure dans la question, donne *already* dans la phrase affirmative.
5. Clothes make the man. / Clothes don't make the man.
Attention à reprendre les termes du sujet sans ajouter de déterminants quand il n'y en a pas : Ø *clothes* – généralité – et à accorder le verbe en conséquence.

Cet exercice vous permet de voir que la formulation du sujet doit être prise en compte dans la formulation de vos réponses, mais il ne s'agit évidemment pas d'utiliser ces réponses dans votre introduction !

2

"Advantages" / good side of ambition - It's a driving force (*moteur*) in life. - It motivates you to get better, improve (*améliorer*) your results, get a better job. - If there was no ambition, there would be no progress.
"Drawbacks" / bad side of ambition - Ambition can lead people (*conduire les gens*) to try and crush (*écraser*) the others. - Ambitious people can become unpleasant, look down on (*regarder de haut*) the others. - People who are too ambitious sometimes neglect (*négliger*) their private lives, their families…

Erreur à ne pas commettre : confondre « ambition » et « projets ».

3 **To begin with**, it is true to say that children benefit from their mothers' presence at home. It is a good thing for children to be looked after by their mothers. **Instead of** being alone when they come back from school, they can be helped with their homework, and this contributes to the creation of a strong link with one of the parents.
However, not all mothers are devoted housewives. Some women may choose to stay at home after the birth of their children **while** some others will keep their jobs. **On the one hand**, it is true that it may be better for the whole family to have a mother who stays at home, but, **on the other hand**, what benefit can there be if the mother is embittered by staying at home? **Even though**, as a child, I would have preferred my mother to be a housewife, in the end, I am glad that she kept her job. **Moreover**, in most families, the money earned by women is necessary for a better standard of living. As far as I'm concerned, I am convinced that working is necessary for one's fulfilment, **although** there are of course drawbacks to this situation.

28 Se faire comprendre à l'oral

L'oral prend une place croissante dans votre évaluation, et en particulier depuis la mise en place du **Cadre européen commun de référence**. À terme, les compétences orales seront évaluées dans toutes les sections.

1 Prononciation des mots

■ L'alphabet phonétique international est un ensemble de signes associés à des sons. Une fois maîtrisé, il vous permet :

- de noter en cours la prononciation des mots entendus pour la première fois pour les apprendre correctement ;
- de savoir comment prononcer un mot trouvé dans le dictionnaire.

■ **Les principaux signes phonétiques**

- Voyelles courtes

[æ] c**a**t	[ɪ] p**i**g	[ɒ] d**o**g
[e] h**e**n	[ʌ] b**u**s	[ʊ] g**oo**d

- Voyelles longues (symbolisées par « : »)

[ɑ:] f**ar**	[u:] r**oo**m	[i:] m**ea**n
[ɜ:] b**ir**d	[ɔ:] f**or**k	[ju:] m**u**te

- Diphtongues (comme par exemple dans « aïe » en français)

[eɪ] pl**a**te	[əʊ] r**o**se	[aʊ] ar**ou**nd	[ɪə] f**ear**
[aɪ] m**i**ne	[eə] h**air**	[ɔɪ] b**oy**	[ʊə] m**oor**

- Consonnes

[b] **b**at	[p] **p**it	[l] **l**ie	[s] **s**in
[d] **d**og	[t] fla**t**	[j] **y**es	[z] ro**s**e
[f] **f**lag	[k] **c**at	[v] **v**iper	[θ] **th**ink
[g] **g**lad	[ʃ] **s**ure	[ŋ] comi**ng**	[ð] **th**en
[h] **h**onest	[w] **w**as	[m] **m**an	
[ʒ] trea**s**ure	[r] **r**un	[n] **n**iece	

- Syllabe non accentuée : [ə] (**a**n **a**mazing nov**e**l)

➲ Souvent…

- Consonne + **voyelle** + consonne (+ consonne…) → voyelle courte.

Exemple : *cat, map, flatter, trap, clatter, stammer* [æ]

- Consonne + **voyelle** + consonne + voyelle → voyelle longue / diphtongue.

Exemple : *mare, stare* [eə], *plate, late, pale* [eɪ]

➲ Souvent les francophones veulent prononcer toutes les voyelles. Or, dans la plupart des mots, **seules les voyelles de la syllabe accentuée** sont prononcées de façon « pleine » (avec un son vocalique ou une diphtongue), les autres étant souvent prononcées [ɪ] ou [ə].

an incredible story → [ən ɪn'kredɪbl 'stɒrɪ]

a comfortable sofa → [ə 'kʌmfətəbl 'səʊfə]

■ En anglais, les mots de deux syllabes et plus sont particulièrement accentués sur **une** syllabe (accent de mot). En alphabet phonétique, l'accent de mot est figuré par une apostrophe située avant la syllabe accentuée.

*i**ma**gine* → [ɪ'mædʒɪn]

■ Certains **suffixes**, appelés **« forts »,** déterminent la place de l'accent de mot : ils déplacent l'accent à la syllabe qui les précède. Parmi ces suffixes, on trouve : *-ity, -ion, -ic(s), -ical, -ous, -ial.*

*i**ma**gine* → [ɪ'**mæ**dʒɪn] → *imagi**na**tion* [ɪmædʒɪ'**neɪ**ʃn]

***cou**rage* ['**kʌ**rɪdʒ] → *cou**ra**geous* [kə'**reɪ**dʒəs]

■ Parmi les suffixes faibles (qui ne déplacent pas l'accent de mot), on trouve : *-al, -hood, -ship, -ment.*

➲ Attention à la prononciation des mots suivants.

enough [ɪ'nʌf]	*blood* [blʌd]	*children* ['tʃɪldrən]
now [naʊ]	*child* [tʃaɪld]	*bear* [beə]

➲ Distinguez *-ch* [tʃ] comme dans *sandwich*, de *-sh* [ʃ] comme dans *English*.

➲ Certains mots contiennent des lettres non prononcées.

know [nəʊ]	*would* [wʊd]	*friend* [frend]	*listen* ['lɪsən]
island ['aɪlənd]	*could* [kʊd]	*daughter* ['dɔːtə]	*half* [hɑːf]

2 Prononciation des phrases

■ En anglais, on n'accentue généralement pas les mots grammaticaux (déterminants, auxiliaires…) sauf s'ils sont porteurs d'une information importante. Par contre, on accentue les mots lexicaux (noms, adjectifs, verbes).

*I didn't **really understand** what he was **talking** about.*
[En gras, les mots lexicaux, qui sont accentués.]
[aɪ 'dɪdnt 'rɪəlɪ ʌndə'stænd wɒt hi wəz 'tɔːkɪŋ ə'baʊt]
Notez dans cette phrase la prononciation de ***was*** [wəz] et non [wɒz].

■ On accentue généralement davantage le dernier mot lexical de la phrase (**accent de phrase**).

*I didn't really understand what he was **talk**ing about.*
o o o

Il arrive néanmoins que, pour insister sur un mot par opposition à d'autres, on l'accentue quelle que soit sa place. Comparez :

*I met **Julie** yesterday. (Not Judy!)*
*I met Julie **yesterday**. (Not last week!)*

■ Attention à l'**intonation**. qui est différente en français et en anglais.

• **Intonation montante**

– *Yes / no questions* : *Are you sure?* ↗
– Listes inachevées : *I saw John, Paul, Pete…* ↗
– Phrases affirmatives / négatives sur un ton fier, joyeux : *I am so glad he passed his exam!* ↗

• **Intonation descendante**

– Phrases affirmatives / négatives sur un ton neutre ou triste : *She didn't mention anything.* ↘
– *Wh- questions* : *Why did you say that?* ↘

Pour l'intonation des *tags*, voir page 84.

■ Il est important de ménager des souffles naturels dans la phrase. La ponctuation, mais aussi la structure de la phrase, vous aident à savoir où vous arrêter, sans couper une proposition sans raison.

Did she say / why John mentioned that day / when they had been arrested by the police?

➲ La lecture ne doit pas être hachée : n'ajoutez pas des « h » aspirés au début de chaque mot !

Des mots à connaître

amazed : stupéfait
blood : le sang
dig : creuser
even : même (intensifieur)
far : loin
the fog : le brouillard
incredible : incroyable
a sentence : une phrase
a statement : une affirmation
the stress : l'accentuation
stunned : abasourdi
a surprise : une surprise
a trap : un piège

Pour s'exprimer à l'oral

www.prepabac.com/media

Exercices d'application

1 Retrouvez ces mots d'après leur transcription phonétique.

corrigé p. 228

['bɪznɪs] : ....
['neɪtɪv] : ....
['ʃʊgə] : ....
['pleʒə] : ....
['θæŋk juː] : ....
[dɪ'zaɪə] : ....

2 Écrivez ces mots en alphabet phonétique.

corrigé p. 228

train : ....
Thames : ....
building : ....
memorial : ....
language : ....
marvellous : ....

3 Dans les mots suivants, entourez la syllabe accentuée.

corrigé p. 228

notorious – interestingly – interjection – intolerant – fatality – dishonourably – dissatisfaction – courageous – calorific – identical – government

4 Astérix et Obélix arrivent sur les côtes anglaises. Repérez dans les phrases suivantes les pauses possibles et les mots accentués. Ensuite répondez à la question posée.

corrigé p. 228

www.prepabac.com/media

Asterix in Britain © 1966,
translation by Anthea Bell and Derek Hockridge,
Les éditions Albert René /Gosciny-Uderzo.

Choisissez la prononciation correcte pour :

1. tunnel : ['tju:nl] / [tə'nel] / ['tʌnl]
2. Britain : ['brɪtən] / [brɪ'teɪn] / ['braɪtən]
3. idea : [ɪ'di:] / ['aɪdɪ] / [aɪ'dɪə]
4. even : ['i:vən] / ['evən] / ['hevən]
5. started : ['stɑ:ted] / ['stɑ:tɪd] / ['stɑ:təd]

1 business – native – sugar – pleasure – thank you – desire

2 [treɪn] – [mɪ'mɒrɪəl] – [temz] (la Tamise) – ['læŋgwɪdʒ] – ['bɪldɪŋ] – ['mɑːvələs]

3 Les mots suivants sont dérivés à partir de suffixes faibles. L'accent de la base n'est donc pas déplacé :

interestingly (← **in**teresting) – in**to**lerant (← **to**lerant) – dis**ho**nourably (← **ho**nour) – **go**vernment (← **go**vern).

Les mots suivants contiennent un suffixe fort, l'accent est donc systématiquement placé sur la syllabe qui précède le suffixe :

no**to**rious – inter**jec**tion – fa**ta**lity – dissatis**fac**tion – cou**ra**geous – calo**ri**fic – iden**ti**cal.

Entraînez-vous à les prononcer.

4 Obelix – You **know what**, / **Asterix**? I think a **tunnel** / between **Gaul** and **Britain** / would be a **good idea**. **Then / people** could keep out of the **rain** and the **fog** on the **crossing**. (Notez la pause après *Then* : « Grâce à cela... ».)

Englishman – **We**'ve been thinking of a tunnel **ourselves**, / we've even **started digging** one, / but it **looks** like **taking** a jolly long **time, what**! (Notez l'insistance sur *We / ourselves* fondée sur le contraste entre Anglais et Gaulois : « Nous aussi, nous y avons pensé... »)

1. ['tʌnl]
2. ['brɪtən]
3. [aɪ'dɪə]
4. ['iːvən]
5. ['stɑːtɪd]

ANNEXES

Liste des verbes irréguliers

infinitif	prétérit	participe passé	traduction
arise	arose	arisen	s'élever
awake	awoke	awoken	(se) réveiller
be	was/were	been	être
bear	bore	born	supporter
beat	beat	beaten	battre
become	became	become	devenir
begin	began	begun	commencer
bend	bent	bent	(se) courber
bet	bet	bet	parier
bite	bit	bitten	mordre
bleed	bled	bled	saigner
blow	blew	blown	souffler
break	broke	broken	casser
bring (up)	brought	brought	amener (élever)
build	built	built	construire
burn	burnt	burnt	brûler
burst	burst	burst	éclater
buy	bought	bought	acheter
cast	cast	cast	jeter
catch	caught	caught	attraper
choose	chose	chosen	choisir
come	came	come	venir
cost	cost	cost	coûter
cut	cut	cut	couper
deal	dealt	dealt	distribuer
dig	dug	dug	creuser
do	did	done	faire
draw	drew	drawn	dessiner / tirer
dream	dreamt	dreamt	rêver
drink	drank	drunk	boire
drive	drove	driven	conduire

infinitif	prétérit	participe passé	traduction
eat	ate	eaten	manger
fall	fell	fallen	tomber
feed	fed	fed	nourrir
feel	felt	felt	(se) sentir
fight	fought	fought	(se) battre
find	found	found	trouver
flee	fled	fled	s'enfuir
fly	flew	flown	voler (dans les airs)
forbid	forbad(e)	forbidden	interdire
forget	forgot	forgotten	oublier
forgive	forgave	forgiven	pardonner
freeze	froze	frozen	geler
get	got	got	obtenir
give	gave	given	donner
go	went	gone	aller
grind	ground	ground	moudre
grow	grew	grown	pousser
hang	hung	hung	accrocher, pendre
have	had	had	avoir
hear	heard	heard	entendre
hide	hid	hidden	cacher
hit	hit	hit	frapper
hold	held	held	tenir
hurt	hurt	hurt	blesser
keep	kept	kept	garder
know	knew	known	savoir, connaître
lay	laid	laid	poser, mettre
lead	led	led	mener, conduire
lean	leant	leant	s'appuyer
leave	left	left	partir, quitter
lend	lent	lent	prêter
let	let	let	laisser

infinitif	prétérit	participe passé	traduction
lie	lay	lain	être allongé, se coucher
light	lit	lit	allumer, éclairer
lose	lost	lost	perdre
make	made	made	faire
mean	meant	meant	signifier, vouloir dire
meet	met	met	rencontrer
mistake	mistook	mistaken	se tromper sur
pay	paid	paid	payer
put	put	put	poser
quit	quit	quit	quitter, abandonner
read	read	read	lire
ride	rode	ridden	monter (à cheval, à vélo)
ring	rang	rung	sonner
rise	rose	risen	s'élever
run	ran	run	courir
saw	sawed	sawn	scier
say	said	said	dire
see	saw	seen	voir
seek	sought	sought	chercher
sell	sold	sold	vendre
send	sent	sent	envoyer
set	set	set	poser, situer
shake	shook	shaken	secouer
shine	shone	shone	briller
shoot	shot	shot	tirer (fusil)
show	showed	shown	montrer
shut	shut	shut	fermer
sing	sang	sung	chanter
sink	sank	sunk	couler, sombrer
sit	sat	sat	s'asseoir
sleep	slept	slept	dormir
slide	slid	slid	glisser

infinitif	prétérit	participe passé	traduction
smell	smelt	smelt	sentir
speak	spoke	spoken	parler
spell	spelt	spelt	épeler
spend	spent	spent	dépenser, passer (du temps)
spill	spilt	spilt	renverser
split	split	split	(se) séparer
spoil	spoilt	spoilt	gâcher, gâter
spread	spread	spread	étaler, répandre
stand	stood	stood	se tenir (debout)
steal	stole	stolen	voler (de l'argent)
stick	stuck	stuck	coller
strike	struck	struck	frapper
swear	swore	sworn	jurer
sweep	swept	swept	balayer
swim	swam	swum	nager
take	took	taken	prendre
teach	taught	taught	enseigner
tear	tore	torn	déchirer
tell	told	told	dire
think	thought	thought	penser
throw	threw	thrown	lancer
understand	understood	understood	comprendre
upset	upset	upset	bouleverser
wake	woke	woken	se réveiller
wear	wore	worn	porter (des vêtements)
weep	wept	wept	pleurer
win	won	won	gagner
write	wrote	written	écrire

Index thématique des textes

« Vivre ensemble en société »

Mémoire

Échanges

Lien social

Création

Index grammatical

Table des illustrations

IMPRIM'VERT
Votre imprimeur agit pour l'environnement

Achevé d'imprimer par IME à Baume-les-Dames - France
Dépôt légal : 96891 - 4/02 - mai 2014